# No caminho com Jesus
## Catecumenato Crismal

Dados Internacionais de Catalogação na Publicação (CIP)
(Câmara Brasileira do Livro, SP, Brasil)

No caminho com Jesus : catecumenato Crismal : volume 1 : catequista / organização Ir. Angela Soldera, Pe. Rodrigo Favero Celeste. – Petrópolis, RJ : Vozes, 2023. – (Coleção no Caminho com Jesus)

ISBN 978-65-5713-948-6

1. Catequese – Igreja Católica  2. Cristianismo  3. Ritos de iniciação  I. Soldera, Ir. Angela.  II. Celeste, Pe. Rodrigo Favero.  III. Série.

23-154321                                                                    CDD-268.82

Índices para catálogo sistemático:
1. Catecumenato : Iniciação cristã : Igreja Católica
268.82

Eliane de Freitas Leite – Bibliotecária – CRB 8/8415

**Arquidiocese de Londrina**

Ir. Angela Soldera
Pe. Rodrigo Favero Celeste
(Organizadores)

# No caminho com Jesus
## Catecumenato Crismal

### Volume 1 - Catequista

**Equipe de elaboradores**

Aparecida Peixoto da Silva
Belmira Apparecida da Silva de Souza
Valéria Queiróz Pereira
Ir. Luciana de Almeida
Maria Nilza R. Mattos
Vitor Henrique dos Santos
Rosangela Gava Tamaoki
Sandra Valeria Falcão Santos
Eloísa Elena Bárbara Oliveira
Mayara Pereira Casimiro Calzolaio
Regina Aparecida Vieira
Ir. Angela Soldera
Ivanildo Aparecido dos Santos

EDITORA VOZES
Petrópolis

© 2023, Editora Vozes Ltda.
Rua Frei Luís, 100
25689-900 Petrópolis, RJ
www.vozes.com.br
Brasil

Todos os direitos reservados. Nenhuma parte desta obra poderá ser reproduzida ou transmitida por qualquer forma e/ou quaisquer meios (eletrônico ou mecânico, incluindo fotocópia e gravação) ou arquivada em qualquer sistema ou banco de dados sem permissão escrita da editora.

## CONSELHO EDITORIAL

**Diretor**
Volney J. Berkenbrock

**Editores**
Aline dos Santos Carneiro
Edrian Josué Pasini
Marilac Loraine Oleniki
Welder Lancieri Marchini

**Conselheiros**
Elói Dionísio Piva
Francisco Morás
Gilberto Gonçalves Garcia
Ludovico Garmus
Teobaldo Heidemann

**Secretário executivo**
Leonardo A.R.T. dos Santos

*Editoração*: Clauzemir Makximovitz
*Diagramação*: Victor Mauricio Bello
*Revisão gráfica*: Jhary Artiolli
*Capa*: Editora Vozes

ISBN 978-65-5713-948-6

Este livro foi composto e impresso pela Editora Vozes Ltda.

# SUMÁRIO

*Apresentação*, 9
*Lista de abreviaturas*, 10
*Glossário*, 11
O itinerário, 13
    Metas a serem alcançadas ao longo do itinerário com inspiração catecumenal, 15
    Orientações práticas no desenvolvimento do processo de Iniciação à Vida Cristã com inspiração catecumenal, 16
    Para o bom andamento do itinerário, 18
    A conversão, 18
    O introdutor, 19
    Leitura orante da Bíblia, 20
Celebração de apresentação dos catecúmenos/catequizandos à comunidade, 22

## 1º TEMPO – PRÉ-CATECUMENATO

- **1º Encontro:** Quem sou eu? Deus me chama pelo nome!, **26**
- **2º Encontro:** Somos um grupo de amigos, **30**
- **3º Encontro:** Conhecendo um grande amigo, **34**
- **4º Encontro:** Quem é Jesus?, **38**
- **5º Encontro:** Como Jesus ama seus amigos, **41**
- **6º Encontro:** Jesus, as crianças e o Reino, **44**
  Celebração da entrega da Palavra de Deus, **48**
- **7º Encontro:** A Palavra de Deus nos revela Jesus, **50**
- **8º Encontro:** Conhecendo melhor a Bíblia, **53**
- **9º Encontro:** Deus ama tudo que Ele criou, **56**
- **10º Encontro:** Somos filhos amados de Deus, feitos à sua imagem e semelhança, **59**
- **11º Encontro:** Quebra da Aliança, **63**
- **12º Encontro:** Deus renova sua Aliança de amor, **66**
  Celebração de acolhida no catecumenato, **70**

## 2º TEMPO – CATECUMENATO

- 13º **Encontro:** Jesus é anunciado e esperado, **74**
- 14º **Encontro:** Maria: a jovem de Nazaré, **77**
- 15º **Encontro:** Maria e Isabel: duas mães, dois encontros, **81**
- 16º **Encontro:** Preparai o caminho, **85**
  Celebração da Reconciliação para o tempo do Advento em preparação ao Natal, **89**
- 17º **Encontro:** Jesus, o enviado do Pai, veio morar no meio de nós, **91**
- 18º **Encontro:** Vamos a Belém, para ver o que aconteceu, **95**

## RETORNO - INÍCIO DA QUARESMA

- 19º **Encontro:** Jesus faz a vontade do Pai, **100**
- 20º **Encontro:** Quaresma: tempo de preparação à Páscoa, **103**
- 21º **Encontro:** A Campanha da Fraternidade, **106**
  Celebração da Reconciliação para o tempo da Quaresma, **109**
- 22º **Encontro:** Semana Santa: o caminho de Jesus, **111**
- 23º **Encontro:** Jesus nos deixa um novo mandamento, **115**
- 24º **Encontro:** Jesus está vivo no meio de nós, **118**
- 25º **Encontro:** Jesus Ressuscitado nos ensina a fazer o bem, **121**
- 26º **Encontro:** Somos a Igreja de Jesus, **125**
- 27º **Encontro:** Batizados em nome do Pai e do Filho e do Espírito Santo, **128**
- 28º **Encontro:** A missão de Jesus: anúncio do Reino, **131**
- 29º **Encontro:** Jesus nos chama a sermos seus discípulos, **135**
- 30º **Encontro:** Jesus ensina seus discípulos a rezar, **139**
- 31º **Encontro:** Jesus Mestre de oração, **143**
- 32º **Encontro:** Jesus nos ensina a perdoar, **146**
  Celebração da entrega da Oração do Senhor, **150**
- 33º **Encontro:** O discípulo de Jesus faz a experiência da misericórdia, **152**

# ANEXOS

1 O Ano Litúrgico, **158**
2 As principais orações do cristão, **162**
3 O que é importante você conhecer, **166**

*Referências*, **169**

# APRESENTAÇÃO

Nos últimos anos, a Igreja do Brasil tem sido desafiada por vários pronunciamentos do episcopado, a assumir mais plenamente a Iniciação à Vida Cristã sob inspiração catecumenal. Cito apenas dois deles: as Diretrizes Gerais da Ação Evangelizadora que, desde 2011, insistem com a 2ª Urgência: Igreja: casa da Iniciação à Vida Cristã As justificativas são muitas: apresentar Jesus Cristo é uma exigência do estado permanente de missão; ajudar as pessoas a conhecer Jesus Cristo; trabalhar mais e melhor a adesão a Jesus Cristo; centralidade do querigma, entre outras.

Outro Documento importante é o 107: Iniciação à Vida Cristã: itinerário para formar discípulos missionários. Ele pretende mostrar o itinerário a ser seguido para formar discípulos missionários, transformando as comunidades e, consequentemente, a Igreja, em casa da iniciação cristã. É a comunidade cristã que gera o testemunho de vivência do Evangelho e do seguimento fiel a Cristo. É na comunidade cristã que se dá o anúncio da Palavra e que jorra a prática da caridade. É da comunidade cristã que parte a ação missionária de ir ao encontro dos irmãos e irmãs afastados.

Na Arquidiocese de Londrina, há muito tempo, fala-se em iniciação cristã sob inspiração catecumenal. Dom Albano Cavallin, catequeta, falava sobre uma catequese mais profunda e de uma união maior entre fé e vida. Dom Orlando Brandes deu vários passos concretos nessa direção. Agora chegou a hora de iniciarmos uma caminhada de mudança e aprofundamento desse ideal. O XVII Plano Arquidiocesano de Ação Evangelizadora nos provoca para assumir nas comunidades a metodologia da formação da Iniciação à Vida Cristã, com inspiração catecumenal. É mais amplo que a catequese com crianças ou adultos. Toda a pastoral e também os movimentos devem entrar na dinâmica da inspiração catecumenal.

Que o projeto catequético que está se iniciando com o material que ora lhes apresento produza muitos frutos de evangelização, discipulado, santidade. Deus abençoe generosamente todos os que deram um pouco do seu trabalho para que ele fosse produzido. Obrigado, e que Deus utilize tanta generosidade.

Dom Geremias Steinmetz
Arcebispo Metropolitano de Londrina

# LISTA DE ABREVIATURAS

| | | |
|---|---|---|
| AL | – | Exortação apostólica pós-sinodal *Amoris Laetitia* – sobre o amor na família |
| ClgC | – | Catecismo da Igreja Católica |
| CNBB | – | Conferência Nacional dos Bispos do Brasil |
| DAp | – | Documento de Aparecida |
| Doc. 107 | – | Documento 107 da CNBB – Iniciação à Vida Cristã: itinerário para formar discípulos missionários |
| DGC | – | Diretório Geral para a Catequese |
| EG | – | Exortação apostólica *Evangelium Gaudium* |
| LG | – | Constituição dogmática sobre a Igreja *Lumen Gentium* |
| LS | – | Carta encíclica *Laudato Si'* |
| MV | – | *Misericordiae Vultus*: o rosto da misericórdia – Bula da proclamação do jubileu da misericórdia |
| RICA | – | Ritual da Iniciação Cristã de Adultos |
| RMi | – | Carta encíclica *Redemptoris Missio* |
| SCa | – | Exortação pós-sinodal – *Sacramentum Caritatis* sobre a eucaristia, fonte e ápice da vida e da missão da Igreja |
| SC | – | Constituição dogmática *Sacrossanctum Concilium*. |

# GLOSSÁRIO

**Catecumenato:** é um tempo prolongado durante o qual os candidatos recebem formação cristã e aprendem a moldar sua vida segundo os ensinamentos cristãos. Com esses auxílios, as disposições de espírito que se manifestaram ao início desse tempo atingem a maturidade.

**Catecúmenos:** são os que recebem instrução preliminar em doutrina e moral, no processo de preparação para o Batismo.

**Catequizandos:** são os já batizados e que continuam o processo para formação em vista de completar o processo do itinerário da vida cristã.

**Cristã:** chamados à vida pelo Pai, somos vocacionados, isto é, chamados à vida cristã. Pelos sacramentos do Batismo e da Crisma, nosso Senhor Jesus Cristo nos concede a filiação divina e a oportunidade de sermos seus seguidores, para nos tornarmos anunciadores da boa-nova da Salvação. Somos impulsionados pela força do Espírito Santo, procedente do Pai e do Filho, que nos faz agir pela caridade generosa na Igreja, mãe e mestra. Cristã não é apenas um adjetivo, mas indica nossa essência filial.

**Escrutínios:** são orações e celebrações realizadas no caminho catecumenal. Têm a finalidade de aperfeiçoar o caminho da vida cristã, fortalecendo o coração dos eleitos, curar o que ainda está fraco e precisa mudar, e fortalecer e consolidar o que está bem. Estas celebrações acontecem normalmente no terceiro, quarto e quinto domingos da Quaresma.

**Iniciação:** uma realidade profundamente humana e necessária é a iniciação. Dificilmente alguém se *"autoinicia"*, mas somos sempre conduzidos por outros para dentro de uma realidade desconhecida (*in-ire*).

**Itinerário:** palavra que indica caminho a ser percorrido ao longo de um processo bem determinado com início, meio e finalidade.

**Mistagogia:** é o tempo destinado a aprofundar mais o mistério pascal, procurando traduzi-lo cada vez mais na vida, pela meditação do Evangelho, pela participação na Eucaristia e pelo exercício da caridade. Este é o último tempo da iniciação, isto é, o tempo da "mistagogia" dos neófitos. Os neófitos foram renovados no seu espírito, saborearam as íntimas delícias da Palavra de Deus, entraram em comunhão com o Espírito Santo e descobriram como o Senhor é bom.

**Neófito:** o recém-batizado é chamado de neófito (planta nova), banhado em Cristo torna-se nova criatura.

**Purificação e iluminação:** o tempo da purificação e iluminação dos catecúmenos coincide, habitualmente, com a Quaresma. Tanto na liturgia como na catequese, pela recordação ou pela preparação do Batismo e pela Penitência, é um tempo de renovação na comunidade dos fiéis, juntamente aos catecúmenos, e que os dispõe para celebrar o mistério pascal, ao qual são associados pelos sacramentos da iniciação cristã.

É um tempo destinado a preparar de maneira mais intensiva o espírito e o coração dos candidatos. Neste degrau, é feita pela Igreja a "eleição" ou escolha e admissão daqueles catecúmenos que, pelas suas disposições, mostram-se em condições para, na próxima celebração, tomarem parte nos sacramentos da iniciação. Chama-se "eleição" porque a admissão feita pela Igreja se fundamenta na eleição de Deus, em nome de quem ela atua; chama-se "inscrição do nome" porque os candidatos escrevem o seu nome no livro dos "eleitos", como penhor de fidelidade.

**Querigma:** é o tempo em que se faz a primeira evangelização, no qual é anunciado, com firmeza e constância, o Deus vivo e aquele que Ele enviou para a salvação de todos, Jesus Cristo. O objetivo deste tempo é fazer com que os não cristãos, movidos pelo Espírito Santo, que lhes abre o coração, abracem a fé e se convertam ao Senhor, como também que façam sua adesão sincera àquele que – sendo o caminho, a verdade e a vida – é capaz de satisfazer todos os seus anseios espirituais e até de infinitamente os superar.

**Rito:** é um conjunto de ações simbólicas, de gestos, normalmente de caráter repetitivo. O rito é como uma ação simbólica (ou um conjunto de ações simbólicas) repetida com regularidade.

**Vida:** somos conduzidos do nada à existência pela benevolência criadora de nosso Pai que está nos céus. Nossa primeira vocação é a vida, de ser pessoa humana integral: corpo, alma e espírito.

# O ITINERÁRIO

A Iniciação à Vida Cristã de inspiração catecumenal, conforme nos pede a Igreja, é um processo, um itinerário de transmissão da fé. Sob a inspiração do Ritual de Iniciação Cristã de Adultos (RICA), é possível propor um itinerário que avance por etapas e tempos sucessivos, garantindo que a iniciação de adultos, jovens e crianças se processe gradativamente na comunidade (Doc 107, n. 139). Esse itinerário deverá ser mistagógico, favorecendo a experiência do encontro pessoal com Jesus Cristo, sendo capaz de, aos poucos, transformá-los em discípulos e discípulas missionários em vista do Reino de Deus.

O grande desafio que se apresenta para a formação cristã e a finalidade da catequese de Iniciação à Vida Cristã é:

> oferecer uma catequese que leve o catequizando a conhecer, acolher, celebrar e vivenciar o mistério de Deus, manifestado na pessoa de Jesus, que nos revela o Pai, nos envia o Espírito Santo e nos faz participar de sua missão (cf. DGC, n. 80-81).

Para responder aos desafios da evangelização, principalmente na transmissão da fé cristã, é fundamental ter um projeto diocesano de Iniciação à Vida Cristã (cf. Doc 107, n. 138).

Nessa perspectiva, a concretização deste itinerário tem como objetivo favorecer o caminho pedagógico e mistagógico no processo de educação na fé, a partir da experiência realizada na Arquidiocese de Londrina. Assim, a proposta que apresentamos segue os quatro tempos: pré-catecumenato, catecumenato, purificação e iluminação, e mistagogia, a serem desenvolvidos ao longo de quatro anos, no mínimo. Nessa proposta, o início do ano catequético ocorre no mês de agosto, seguindo até a primeira quinzena de julho do ano seguinte. Isso possibilitará que se vivencie, com maior intensidade, os tempos fortes do Ano Litúrgico (Advento e Natal – Quaresma e Páscoa).

O catecumenato nos legou um vocabulário e uma herança que, na Iniciação à Vida Cristã, refere-se aos tempos indispensáveis para que aconteça uma verdadeira introdução ao mistério de Cristo. Esses tempos recebem as seguintes denominações:

1. **Pré-catecumenato ou querigma**, cujo objetivo consiste no primeiro anúncio e no despertar da fé: é o tempo da evangelização, e toda a comunidade deve se comprometer nesse tempo.
2. **O catecumenato** ocorre quando a comunidade, por meio dos catequistas e introdutores, propõe o aprofundamento do primeiro anúncio com os conteúdos do Creio e da Sagrada Escritura, via leitura orante da Bíblia. É o tempo da catequese.

3. **Purificação e iluminação** no tempo da Quaresma, como um grande retiro de preparação para a celebração dos sacramentos: na Vigília Pascal.
4. **A mistagogia** acontece no Tempo Pascal e após a celebração dos sacramentos, para adentrar com mais profundidade o mistério sacramental, a finalidade de todo o caminho realizado é o envio em Pentecostes para o tempo do serviço e da missão.

Aprofundando os últimos documentos da Igreja com relação à Iniciação à Vida Cristã com inspiração catecumenal, deparamo-nos com a urgência de retomar a unidade dos sacramentos da iniciação cristã. Essa unidade

> se desenvolve dentro do dinamismo trinitário: os três sacramentos da Iniciação, numa unidade indissolúvel, expressam a unidade da obra trinitária na iniciação cristã: no Batismo assumimos a condição de filhos do Pai, a Crisma nos unge com unção do Espírito e a Eucaristia nos alimenta com o próprio Cristo, o Filho (Doc 107, n. 91).

Por isso, a proposta desse itinerário se realiza a partir da ordem original dos sacramentos Batismo – Crisma – Eucaristia, como culminância do processo, conforme já advertia Bento XVI sobre o desafio que implica conduzir melhor os fiéis, colocando a Eucaristia como centro sacramental para o qual se conduz todo o percurso da iniciação (SCa, n. 18).

O fundamental dessa opção é levar a pessoa a um contato vivo e pessoal com Jesus Cristo, fazendo-a mergulhar (= Batismo) nas riquezas do Evangelho, assumindo a leitura orante da Bíblia, e iniciá-la, verdadeira e eficazmente, na vida da comunidade cristã, fazendo-a experimentar o bem de participar da vida divina concedido pelos sacramentos da iniciação cristã: Batismo – Crisma – Eucaristia. Esse processo considera que "Para participar do mistério de Cristo Jesus é preciso passar por uma experiência impactante de transformação pessoal e deixar-se envolver pela ação do Espírito" (Estudos da CNBB 97, n. 41).

Iniciação à Vida Cristã de inspiração catecumenal: desde a instituição da Igreja no mundo, Jesus nunca deixou de estar conosco na tarefa de proclamar o Evangelho a todas as nações, como Ele mesmo garantiu (Mt 28,20). O "envio" (= apóstolo) é o cerne do chamado do Filho de Deus a nós e, para tal, não existe fé isolada nem cristão egoísta. A fé deve ser doada na missão, a vida é missionária. Desde os primórdios de nossa fé, a maior incumbência dos discípulos de Cristo é despertar outros e iniciá-los na vida cristã. Assim, nos primeiros séculos, é desenvolvido o catecumenato do qual, em nosso tempo, queremos recuperar a metodologia.

Na verdade, a finalidade desse processo de inspiração catecumenal não está assentada em uma simples preparação para receber os sacramentos, mas sim numa consistente iniciação em que os interlocutores devem receber um tratamento de verdadeiros discípulos. Esses deverão se tornar outros "mestres", ou seja, guiados que serão também guias, testemunhas da fé. O sacramento é a consequência de uma fé assumida.

Todo esse processo é experimentado por meio de ritos e celebrações que marcam a passagem das etapas e dos tempos. Nesse sentido, o Ano Litúrgico, desenvolvido a partir do catecumenato, é instrumento fundamental e um caminho pedagógico e mistagógico capaz de fazer o iniciante celebrar a fé que está conhecendo, estabelecendo relacionamento íntimo com a Trindade Santa que, aos poucos, revela-se em sua história, doando-lhe a vida nova da Graça. Liturgia e catequese devem caminhar unidas na vida da comunidade, pois as duas têm a mesma base: a fé.

O processo de Iniciação à Vida Cristã não pode renunciar à sua tarefa de levar os seus interlocutores a uma participação intensa na dimensão mística, celebrativa, mediada pela catequese e pela comunidade. Sem uma catequese e uma comunidade viva e acolhedora, a educação da fé se tornará frágil.

Ademais, que este material sirva para levar à frente os objetivos e a meta a que se propõe: formar discípulos e discípulas de Jesus, cristãos autênticos e comprometidos com o anúncio de Jesus e do seu Evangelho.

## METAS A SEREM ALCANÇADAS AO LONGO DO ITINERÁRIO COM INSPIRAÇÃO CATECUMENAL

### *Primeira meta*

A primeira meta que buscamos alcançar é a de conhecer quem é Jesus. É anunciar o querigma, o primeiro anúncio. Ligado às celebrações litúrgicas, o catequista deverá ajudar o catequizando, apresentando a pessoa de Jesus, sua infância e os acontecimentos primeiros que manifestam quem Ele é, seu projeto de vida e sua missão. Mostrar que somos pessoas queridas e amadas por Deus. A grande pergunta a ser respondida neste percurso é: quem é Jesus? A resposta deverá levar os catequizandos a compreenderem que somos chamados por Ele para formarmos o grupo dos amigos de Jesus, permanecer com Ele e querer conhecê-lo mais.

### *Segunda meta*

Nesta segunda meta, propomo-nos a prosseguir aprofundando sobre quem é Jesus, destacando, de modo especial, seus gestos, sinais e atitudes em favor da vida para todos, especialmente os menos favorecidos. O catequista ajudará o catequizando a se dar conta de que, no caminho de Iniciação à Vida Cristã, os já nascidos para uma vida nova no Batismo serão agora fortificados pelo sacramento da Confirmação, crescendo no fortalecimento da fé cristã. Neste tempo, procuramos também comprometer os pais, os padrinhos do Batismo e/ou os introdutores (acompanhantes) a juntos fazerem o caminho de Iniciação à Vida Cristã. Nesta meta serão intensificados os momentos celebrativos, as bênçãos e os escrutínios próprios para este tempo de purificação e iluminação como preparação próxima ao sacramento da Crisma.

**Batismo dos catecúmenos:** propõe-se que o Batismo dos catecúmenos (não batizados) se realize na Vigília Pascal do segundo ano de catequese crismal, para depois, com o grupo, celebrar o sacramento da Crisma. Caso isso não seja possível, é recomendável que o Batismo se realize após a entrega do Símbolo dos Apóstolos (Creio), antes do Natal.

*Terceira meta*

A continuidade do itinerário de Iniciação à Vida Cristã com inspiração catecumenal irá oferecer aos já batizados e confirmados um caminho de busca do discipulado e do ponto alto da iniciação cristã, a Eucaristia. Para isso a proposta consiste em favorecer aos catequizandos viver mistagogicamente a experiência comunitária, participando das celebrações do mistério pascal ao longo do Ano Litúrgico, de modo que possa sentir-se chamado a viver mais intensamente na intimidade com Jesus, buscando crescer nas atitudes cristãs, na família, na comunidade e na sociedade.

*Quarta meta*

A Eucaristia é a consumação da iniciação cristã, pois o batizado, incorporado à comunidade eclesial, reproduz o único sacrifício, que é o seu. Nesta meta, prosseguimos no itinerário a que nos propusemos, agora com a força especial do Espírito para cumprir a missão profética no meio do mundo, para edificar em unidade a Igreja, Corpo de Cristo, e defender a verdade do Evangelho nas diversas situações da vida. Por isso, o catequizando batizado participa da liturgia eucarística e oferece a sua vida ao Pai associada ao sacrifício de Cristo. É o Cristo inteiro, cabeça e membros, que se oferece pela salvação da humanidade. A Eucaristia culmina a configuração a Cristo: a participação repetida de toda a comunidade no mistério pascal e a incorporação na Igreja, cada vez mais perfeita e total; buscará uma gradativa inserção na comunidade, nos diferentes serviços e ministérios, vivendo plenamente em comunhão de vida, na partilha, no serviço comunitário.

## ORIENTAÇÕES PRÁTICAS NO DESENVOLVIMENTO DO PROCESSO DE INICIAÇÃO À VIDA CRISTÃ COM INSPIRAÇÃO CATECUMENAL

1. **Reinscrição:** é importante que, antes de concluir o primeiro ano, portanto, fim de junho ou início de julho, cada um(a) manifeste o desejo de continuar no caminho. Por isso, o catequista ou a coordenação da catequese faz a reinscrição de cada catequizando para dar continuidade no segundo ano, segunda etapa do catecumenato crismal.
2. **Início do ano catequético:** na primeira semana do mês de agosto, retoma-se o caminho dos encontros de catequese, dando continuidade ao catecumenato crismal, que seguirá até a primeira quinzena de dezembro.

3. **Organização dos grupos:** importante cuidar para que os grupos não tenham número superior a 12 participantes. Isso possibilita que o encontro catequético seja mais vivencial, orante e tenha uma relação mais próxima com cada catequizando.
4. **Visitas às famílias:** os catequistas poderão, ao longo do ano, continuar com as visitas às famílias, para maior conhecimento da realidade e estreitar laços. Essas visitas feitas na gratuidade, com conversas informais, fazem bem para o catequista e para a família.
5. **Encontros para formação:** é importante pensar uma programação para encontros destinados à formação com os pais em pequenos grupos, favorecendo uma experiência orante. Considerar que os encontros sejam com a leitura orante da Palavra de Deus e possam fortalecer o sentido de participação e envolvimento no processo catequético (podem ser trabalhados os próprios encontros de catequese propostos aos catequizandos).
6. **O Retorno do recesso:** acontecerá a partir da celebração da Quarta-Feira de Cinzas do ano seguinte. Aqui se dará início ao terceiro tempo, com a celebração da eleição no primeiro domingo da Quaresma e a preparação próxima ao sacramento da Crisma. Neste terceiro tempo são realizados os escrutínios: no terceiro, quarto e quinto domingos da Quaresma.
7. **No Período Pascal:** será celebrado o sacramento da Crisma e se viverá o quarto tempo, a mistagogia.

## CATECUMENATO CRISMAL

**2 ANOS**
- ✓ **1º TEMPO:** Pré-catecumenato = Primeiro anúncio, querigma
- ✓ **2º TEMPO:** Catecumenato = Tempo mais longo de catequese
- ✓ **3º TEMPO:** Purificação e iluminação = Quaresma
- ✓ **4º TEMPO:** Mistagogia = Aprofundar o sacramento recebido
- ✓ **RECESSO** (Pausa)

### 1º ANO

| AGOSTO | SETEMBRO | OUTUBRO | NOVEMBRO | DEZEMBRO | JANEIRO |
|---|---|---|---|---|---|
| Início do ano catequético | | | | 1ª Quinzena<br>Recesso (2ª Quinzena) | Recesso |

| FEVEREIRO | MARÇO | ABRIL | MAIO | JUNHO | JULHO |
|---|---|---|---|---|---|
| Recesso<br>Retorno: 4ª Feira de Cinzas | | | | | 1ª Quinzena<br>Recesso (2ª Quinzena) |

### 2º ANO

| AGOSTO | SETEMBRO | OUTUBRO | NOVEMBRO | DEZEMBRO | JANEIRO |
|---|---|---|---|---|---|
| Início do ano catequético | | | | 1ª Quinzena<br>Recesso (2ª Quinzena) | Recesso |

| FEVEREIRO | MARÇO | ABRIL | MAIO | JUNHO | JULHO |
|---|---|---|---|---|---|
| Recesso<br>Retorno: 4ª Feira de Cinzas | | | | Sacramento da Crisma (Pentecostes) | 1ª Quinzena<br>Recesso (2ª Quinzena) |

## PARA O BOM ANDAMENTO DO ITINERÁRIO

1. É fundamental que o catequista se prepare com antecedência lendo e rezando o encontro, prevendo o material necessário, a simbologia proposta para cada encontro. É bom também ler as orientações e os passos propostos.
2. É importante que o catequista procure proporcionar um clima de acolhida, de amizade, em cada encontro; que promova e facilite o diálogo e a participação de todos, para que cada um se sinta incluído e responsável pelo caminho a ser feito.
3. Os encontros catequéticos acompanharão os tempos fortes do Ano Litúrgico, favorecendo que catequista e catequizando possam fazer gradativamente a experiência do mistério pascal vivido e celebrado ao longo de todo o Ano Litúrgico. Neste caminho, privilegiamos o método da leitura orante da Bíblia.
4. Cada catequizando deverá ter a sua Bíblia. Quando a família não tiver condições de comprar, a comunidade deverá encontrar um meio de adquiri-la, para não prejudicar o andamento dos encontros de catequese que terão a Palavra de Deus como mensagem e conteúdo fundamentais.
5. É muito importante que se mantenha um bom relacionamento com os pais e/ou responsáveis, por meio de encontros periódicos de oração e formação.
6. No processo, acontecerão celebrações que marcarão as diferentes etapas. Estas deverão ser preparadas e organizadas com antecedência, incluindo-as no calendário da paróquia, para melhor andamento e preparação das celebrações com as equipes de liturgia e com o pároco.
7. O catequista deverá primar pelo lugar do encontro: dispor as cadeiras de modo circular, quando possível ao redor de uma única mesa, colocando em destaque a Palavra de Deus, uma vela que será acesa no momento certo e a simbologia proposta para cada encontro.
8. A coordenação da catequese deverá ter um calendário dos encontros para formação de pais, catequistas, momentos de partilha, avaliação da caminhada feita entre os catequistas para enriquecimento pessoal e ajuda.

**Nota:** Para pré-adolescentes e adolescentes que procuram a catequese mais tarde, por exemplo, acima de 12 anos até os 15 pelo menos, e até com jovens, propomos fazer o mesmo processo, usando o mesmo material. Nesse caso, deve-se ter o cuidado de organizar grupos específicos para essa faixa etária, separados dos que têm de 9 a 11 anos. Os jovens seguirão os quatro tempos com a mesma metodologia da leitura orante, visto que a meta não é o sacramento, mas a iniciação de um caminho de conhecimento e seguimento de Jesus.

## A CONVERSÃO

No processo de Iniciação à Vida Cristã de inspiração catecumenal, compreende-se como ponto fundamental a dimensão da conversão. No catecumenato histórico, essa dimensão era relevante e fundamental em todo o processo até a admissão aos sacramentos da iniciação, pois o Senhor Jesus afirma no Evangelho que veio anunciar a conversão e o perdão dos pecados (Mt 4,17), sendo esse o anúncio principal do Cristo para receber o Reino de Deus. Diz o Documento de Aparecida em seu número 278b, que a conversão "É uma resposta inicial de quem escutou o Senhor com admiração, crê nele pela ação do Espírito, decide ser seu amigo e ir após ele, mudando sua forma de pensar e de viver, aceitando a cruz de Cristo [...] ".

Nesse sentido, o retorno dos trabalhos da catequese após o recesso se dá na Quarta-Feira de Cinzas, quando as mesmas cinzas são impostas sobre nós pelo sacerdote repetindo as palavras do Evangelho: "Convertei-vos e crede no Evangelho" (Mc, 1,15). A conversão, o arrependimento dos pecados, traz junto o propósito de adotar uma nova vida, que estabelece como meta principal da existência, em primeiro lugar, Deus e sua Palavra custodiada pela Igreja.

Nessa fase do catecumenato crismal (volume 2), pedimos aos párocos, catequistas e introdutores que observem a caminhada dos catecúmenos e catequizandos. De acordo com sua idade, levem em consideração a maturidade que alcançaram até serem admitidos ao sacramento da Crisma. Conversão é alcançar a maturidade na fé!

O questionamento sobre maturidade em crianças, adolescentes e jovens é pertinente: maturidade significa a capacidade de assimilar a proposta feita e assumi-la como projeto próprio de vida. Atenção: não significa analisar apenas se o catecúmeno/catequizando está indo à missa aos domingos – visto que por enquanto não são obrigados a tal. Pede-se, na verdade, que seja ponderado se está sendo dócil e receptivo ao anúncio do Evangelho e despertando, com a sua família, para o sentido do que significa encontrar a Jesus Cristo, ser Igreja, formar comunidade. Caso esses objetivos não tenham sido alcançados, aprecie-se a possibilidade de o catecúmeno/catequizando estender por mais um ano catequético sua experiência de aprofundamento. Se essa decisão precisar ser tomada, seja feita após um longo discernimento. Para tal, não deixe para analisar esses casos nas vésperas da recepção do sacramento. Contudo a decisão seja feita em diálogo com os familiares e com o catequizando ao longo do processo, desde o começo desse ano catequético.

A importância de levar em consideração a conversão concreta das atitudes para admissão aos sacramentos consiste em conceber o sacramento no fim do processo como dom e graça de uma caminhada assumida e iniciada, ao contrário da noção de recepção do sacramento como uma "formatura" ou mera formalidade. É de vital importância compreender que a Igreja não existe no mundo para "distribuir" sacramentos, mas iniciar e formar discípulos missionários (Mt 28,19).

## O INTRODUTOR

O ministério do introdutor, na Iniciação à Vida Cristã, é um ministério de acolhida e de acompanhamento. Uma das bases bíblicas para compreendê-lo é o encontro de Filipe com o eunuco, nos Atos dos Apóstolos 8,26-40.

A grande incumbência do introdutor é promover o primeiro anúncio, apresentar ao catecúmeno/catequizando a pessoa de nosso Senhor Jesus Cristo e sua entrega para nossa salvação por amor a nós. A ação do introdutor, nos primeiros séculos do cristianismo, era restrita a um período de três ou quatro meses, porque depois iniciaria a catequese propriamente dita, entrando em cena o ministro catequista, que teria de aprofundar o primeiro anúncio, por meio da Bíblia. Nessa proposta, o introdutor, membro da comunidade, é escolhido para acompanhar o catecúmeno/catequizando durante todo o processo da iniciação. Esse serviço é um acompanhamento personalizado.

A responsabilidade da promoção e organização dos ministros introdutores cabe estritamente ao pároco e ao Conselho de Pastoral Paroquial (CPP)/Conselho de Pastoral Comunitário (CPC). O introdutor não é o catequista! Assim, o catequista deve sempre averiguar, junto aos catecúmenos/catequizandos, se os introdutores estão cumprindo sua missão, informando ao pároco de possíveis dificuldades que possam ocorrer.

Jesus Mestre é a razão de ser do caminho de Iniciação à Vida Cristã, modelo de catequista e de introdutor. Seus gestos, suas palavras e a sua vida são inspiradores da nossa ação pastoral. Com Ele, aprendemos a evangelizar e catequizar para torná-lo conhecido e amado.

## LEITURA ORANTE DA BÍBLIA

O método da *lectio divina* ou leitura orante da Bíblia consiste, essencialmente, em rezar a Palavra, em aproximar-se da Palavra de modo "sapiencial" e em buscar, na Palavra, o Cristo.

Foi Orígenes, teólogo do século III, quem cunhou o nome *lectio divina*. Nos séculos IV e V, foi a maneira predominante de ler a Bíblia e prevaleceu no tempo de São Bento (séc. V e VI). Todavia, por volta do ano 1150, com o monge Guido II, é que encontramos uma estruturação da *lectio divina*. Todas as ordens religiosas que surgiram no século XIII utilizaram o método da *lectio divina*, levando ao povo o método orante da Bíblia.

O Concílio Vaticano II, ao insistir na Palavra de Deus como base de toda a espiritualidade cristã, insistiu também na *lectio divina* como método de oração. A característica própria desse método é a ligação da fé com a vida.

A leitura orante requer que a mente e o coração estejam iluminados pelo Espírito Santo, ou seja, pelo próprio inspirador das Escrituras. Pôr-se, portanto, em atitude de religiosa escuta. Ela exige um ambiente exterior e interior aberto, preparado e disposto a seguir os passos propostos. Por isso, é fundamental esta preparação: invocação ao Espírito Santo, silêncio interior e exterior.

Fazer a leitura orante é como subir uma escada com quatro degraus ou dar quatro passos que nos levam ao encontro com Jesus, o Mestre, que nos ensina como viver segundo a experiência: um exercício, uma prática, uma relação pessoal, viva empolgante com Deus e com a realidade. Não é apenas uma técnica, um método teórico, mas é um caminho de transformação. É para dilatar o coração, abrir os olhos, estender as mãos, impulsionar os pés para a evangelização. É mudar o coração, a vida, a sociedade.

É a oração que leva à ação, ao irmão, à missão, à compaixão. É a oração, a escola da Palavra de Deus para o reencantamento dos discípulos, dos profetas, dos evangelizadores. É fonte de ardor apostólico. A leitura orante deve ser considerada um exercício e, como todo e qualquer exercício, só se aperfeiçoa praticando. Se não há prática contínua, não existe aperfeiçoamento.

A prática da leitura orante também nos ajuda a evitar que façamos uma leitura fundamentalista da Bíblia na qual não conseguimos enxergar a beleza, a sabedoria da Sagrada Escritura, e acaba nos desviando das exigências de que a caminhada em comunidade necessita. Quando se faz a leitura orante, o objetivo não é interpelar a Bíblia, mas interpretar a vida. Não é para aumentar o conhecimento bíblico, mas sim o contato com Deus, é celebrar a Palavra viva de Deus que fala a todos. A finalidade da *lectio divina* não é falar com Deus, mas, por meio da Palavra, ouvir Deus, que fala. O bom êxito de uma leitura orante exige cuidados que devem ser sempre levados em consideração. Alguns são de origem espiritual; outros, de ordem psicológica ou mesmo se constituem em pormenores que podem ajudar a oração.

A leitura deve ser feita em um ambiente e com um espírito silencioso, com calma e quantas vezes forem necessárias, até que a Palavra atinja e penetre o coração, favorecendo, assim, a familiaridade com o texto que está sendo lido. Prestar atenção a lugares e personagens é importante. Deve-se, enfim, tentar "visualizar" o que se está lendo.

## Passos da leitura orante

1. **Acolhida, oração:** acolhida e breve partilha das expectativas. Oração inicial, invocando a luz do Espírito Santo.
2. **Leitura do texto:** leitura lenta e atenta, seguida por um momento de silêncio, deixando a Palavra falar.
3. **O sentido do texto:** *o que o texto diz em si mesmo?* Partilhar impressões e dúvidas, com o grupo sobre o teor do texto. Se necessário, ler novamente e buscar mais esclarecimento.
4. **O sentido para nós:** *o que a Palavra diz para mim, para nós?* Refletir profundamente sobre o texto e descobrir seu sentido atual. Aplicar o significado do texto à situação em que vivemos. Alargar o sentido, ligando-o com outros textos da Bíblia. Situar o texto no plano de Deus que se realiza na história.
5. **Rezar o texto:** *o que o texto me leva a dizer a Deus?* Ler de novo o texto com toda atenção. Momento de silêncio para preparar a resposta a Deus. Rezar o texto, partilhando as luzes e forças recebidas.
6. **Contemplar, comprometer-se:** *o que a Palavra me pede como compromisso?* Expressar o compromisso que a leitura orante nos leva a assumir. Resumir tudo numa frase para refletir durante o dia.
7. **Um salmo:** escolher um salmo que expresse tudo o que foi vivido no encontro. Rezar o salmo para encerrar o encontro.

# CELEBRAÇÃO DE APRESENTAÇÃO DOS CATECÚMENOS/CATEQUIZANDOS À COMUNIDADE

*Em uma Celebração Eucarística ou Celebração da Palavra na comunidade, fazer a apresentação das crianças que estão começando o caminho da Iniciação à Vida Cristã. É bom que se reserve um espaço próprio na igreja para as crianças, os pais ou responsáveis.*

- ✓ *O(a) catequista combina com o padre e com a equipe de liturgia essa celebração.*
- ✓ *As crianças, junto com aos pais ou responsáveis, poderão entrar em procissão no início da celebração. Que sejam acolhidos com breves palavras, e que a comunidade seja motivada sobre a importância do caminho que irão percorrer na catequese.*
- ✓ *Preparar para esta celebração as fichas com o nome de cada catecúmeno/catequizando a ser apresentado à comunidade.*
- ✓ *A celebração deverá acontecer no início do mês de agosto, podendo ser realizada em uma das missas durante a semana.*

**Na celebração, após o sinal da cruz.**

## RITO DE APRESENTAÇÃO

O presidente da celebração diz estas ou outras palavras:

**Presidente da celebração:** Queridas crianças, vocês estão começando um caminho de fé, de encontro com Jesus. Vocês foram chamadas para serem amigas de Jesus, para viver em vocês os mesmos sentimentos de Jesus. Acolhemos vocês com muita alegria em nossa comunidade Igreja. Que cada um, cada uma, sinta-se chamado por Jesus para fazer parte do seu grupo.

Vocês querem fazer parte deste grupo dos amigos de Jesus?

*Catequizandos/catecúmenos:* Sim, queremos.

**Presidente da celebração:** Vocês estão dispostos a frequentar os encontros de catequese, escutar o anúncio da Palavra de Deus, conhecer o Senhor pela oração e a converter seu coração para Ele?

*Catequizandos/catecúmenos:* Sim, estamos.

**Presidente da celebração:** A vida verdadeira consiste em conhecermos o verdadeiro Deus, e Jesus Cristo, que ele enviou. Ressuscitando dos mortos, Jesus foi constituído por Deus, Senhor da vida e de todas as coisas. Se vocês querem ser discípulos e discípulas d'Ele e membros da Igreja, é preciso que sejam instruídos em toda a verdade revelada por Ele. Deverão, ao longo da caminhada, aprender a ter os mesmos sentimentos de Jesus Cristo e procurar viver segundo os preceitos do Evangelho. Portanto amem o Senhor Deus e o próximo como Cristo ensinou.

Cada um de vocês está de acordo com tudo isso?

*Catequizandos/ catecúmenos:* Sim, estou.

**Presidente da celebração:** Vocês, pais, catequistas, introdutores ou responsáveis que trazem aqui seus filhos e filhas, assim como a comunidade aqui presente, estão dispostos a ajudá-los a encontrar e seguir o Cristo?

**Todos:** Sim, estamos.

**Presidente da celebração:** Pai de bondade, nós vos agradecemos por estes vossos servos e servas, que, de muitos modos, inspirastes e atraístes. Eles vos procuraram e responderam na presença desta santa assembleia ao chamado que hoje lhes dirigistes. Por isso, Senhor Deus, nós vos louvamos e bendizemos.

**Todos:** Bendito seja Deus para sempre!

**Segue a liturgia como de costume.**

# 1º TEMPO

## *PRÉ-CATECUMENATO*

### 1º ENCONTRO

# QUEM SOU EU?
# DEUS ME CHAMA PELO NOME!

*Sentido do encontro*

Deus nos chama pelo nome porque não só identifica quem somos, mas nos conhece, ou seja, conhece os detalhes de nossa vida, inclusive nossas falhas. Ele procura manter um relacionamento de amor conosco, pois para Deus cada um é único e especial.

*Objetivo*

Compreender que Deus nos chama pelo nome e deseja manter um relacionamento pessoal e de amor com todos os seus filhos.

*Ambientação*

Bíblia, vela, vaso com flores, um tecido pequeno da cor do tempo litúrgico. Estrelinhas de papel, recortadas, com o nome de cada catequizando, tendo no verso um espaço para cada um escrever o que sabe sobre seu nome. Uma bandeja, contendo saquinhos com balas ou doces, com o nome de cada catequizando, a serem distribuídos ao fim do encontro.
Certificar-se se há no grupo algum catequizando que possa precisar de um tratamento diferenciado, por exemplo, por ser diabético. Nesse caso, fazer uma opção que o atenda.

*Acolhida*

Organizar o espaço em círculo, acolher os catequizandos com alegria, se possível, chamando-os pelo nome. Entregar a estrela com o nome a cada catequizando.
**Canto:** *Bem-vindo, irmão* e/ou outro canto à escolha.

## 1. OLHANDO PARA A VIDA

Mencionar: estamos aqui para o nosso primeiro encontro de muitos outros que irão acontecer, por isso, estamos alegres e vamos nos apresentar (cada um diz seu nome, onde estuda, com quem mora).

Pedir aos catequizandos que olhem a estrela que receberam, que tem seu nome, e motivá-los a escrever no verso o que sabem sobre a escolha de seus nomes. Informar que depois irão apresentar aos colegas.

## 2. ORAÇÃO INICIAL

*Acende-se a vela...*

Convidar os catequizandos para juntos realizarem o sinal da cruz.

O catequista faz uma prece espontânea, agradecendo a Deus pela alegria de todos estarem ali reunidos e iniciarem juntos a caminhada catequética. Em seguida, pede que Deus os abençoe.

Motivar a rezarem juntos: *Glória ao Pai e ao Filho e ao Espírito Santo...*

Finalizar este momento com o canto: *Envia teu Espírito, Senhor* ou outro à escolha.

## 3. ESCUTANDO A PALAVRA

Proclamar o texto bíblico de Isaías 43,1-3.

Orientar que todos fiquem em pé diante da Palavra. Por ser o primeiro encontro, o catequista ajuda o grupo a encontrar o capítulo e os versículos na Bíblia.

Convidar a fazer uma segunda leitura, orientando para que cada um acompanhe na sua própria Bíblia.

Questionar: qual a frase ou expressão do texto bíblico que mais chamou sua atenção?

Esclarecer que devem dar a própria resposta dizendo uma frase ou palavra do texto bíblico, sem explicar, pois não é o momento de interpretar o texto.

Motivar os catequizandos a pensarem e responderem às questões em seus livros:

a) Quais as palavras que se repetem no texto?
b) Em que momentos é possível identificar no texto que o Senhor está conosco?
c) O que o texto diz a respeito do nome?

### Compreendendo a Palavra

O texto do profeta Isaías que acabamos de ler nos contagia com as palavras de esperança e de amor proclamadas pelo Senhor em favor de Israel. Fala ao seu povo como Criador, como um Pai que tem um cuidado especial e único por cada pessoa. Para que o povo tivesse consolo e segurança na Palavra do Senhor de que seria libertado do cativeiro, os profetas frequentemente animavam o povo para que *confiassem em seu Deus. Além do mais, Israel não tinha motivos para não confiar no Senhor, pois inúmeras vezes Ele os libertou da dominação de outras nações. Estava ciente de que o Senhor conhece cada um pelo nome, que o fazia superar graves perigos e o resgatava. Assim diz o texto bíblico: "O Senhor nos conhece pelo nome: 'Eu te chamo pelo nome, és meu!'" (Is 43,1b). Desde toda a eternidade o Senhor olhou e acompanhou seu povo com muito amor e carinho, nunca o abandonou. Ele é companheiro fiel, livrando-o dos perigos e das dificuldades.*

### Para aprofundar e refletir

O Catecismo da Igreja Católica nos ensina sobre o amor de Deus por Israel ser semelhante ao amor de um pai por seu filho. Para ajudar no entendimento desse amor podemos recorrer à Bíblia e aos documentos da Igreja, onde encontramos as mensagens e orientações que podem guiar as nossas práticas catequéticas.

O Papa Francisco, em sua homilia de 10 de dezembro de 2019 (FRANCISCO, 2019), ao tratar sobre o Senhor que perdoa nossos pecados, contribuiu para entendermos o seu amor pela humanidade e, a partir dessa ideia, nos ajuda a ter presente esse amor ao dizer que o Senhor tanto guia quanto corrige o seu povo, os seus amados. Em sua exposição, o Papa destacou que o Senhor se aproxima com ternura, agindo como um pai, um irmão. Comparou tal atitude a de um pastor que reúne o seu rebanho e o conduz com docilidade. Ainda, mencionou que o Senhor consola e corrige o seu povo com ternura. Nessa dinâmica, o Senhor se alegra quando um pecador se aproxima. O pedir perdão coloca o ser humano mais próximo de Deus que o acolhe, consola e perdoa.

Ler e meditar:
- ✓ O que diz o Catecismo em seus números: 219, 220, 313 e 733.
- ✓ Os textos bíblicos de: Jo 3,16; Is 54,10; Jr 31,3.

## 4. MEDITANDO A PALAVRA

Orientar os catequizandos para lerem as questões em seus livros, meditando em busca de respostas. Depois de algum tempo, convidá-los a anotarem o que julgarem importante para suas vidas. Propiciar um momento para que possam partilhar com o grupo o que anotaram sobre as questões:
- ✓ O que a Palavra que ouviu ensina e pede para a sua vida e das outras pessoas?
- ✓ Acredita que Deus nos ama, nos formou com carinho e nos quer bem e que cuida de cada um de nós?
- ✓ Como se sente ao saber que Deus cuida de você?

## 5. REZANDO COM A PALAVRA

Motivar os catequizandos a pensarem: o que o texto bíblico, a Palavra, os faz dizer a Deus? Que oração podem dirigir a Ele?

Deixar se expressarem e depois os convidar a rezar o Salmo 139, destacando que esse salmo nos fala que Deus nos conhece desde o ventre materno e está sempre conosco.

Após, orientar a escreverem uma oração pessoal, que pode ser de agradecimento ou pedido de perdão.

Encerrar este momento convidando os catequizandos a rezarem juntos, de mãos dadas, o Pai-nosso.

## 6. VIVENDO A PALAVRA

Questionar os catequizandos:
- ✓ O que a Palavra nos leva a viver?
- ✓ Qual o compromisso que podemos assumir, como grupo da catequese, diante da Palavra e do que aprendemos nesse encontro?

Mencionar algumas possibilidades de compromisso, como procurar respeitar, amar e gostar de cada um porque somos todos formados por Deus.

Orientar que conversem em casa, com a família, sobre a importância de termos um nome, de sermos amados e cuidados por Deus.

- ✓ Comunicar ao grupo que para o próximo encontro cada um deverá trazer uma foto dos seus amigos, de momentos em que estavam juntos ou não.
- ✓ Entregar os saquinhos com balas ou doces.

## 2º ENCONTRO

# SOMOS UM GRUPO DE AMIGOS

### *Sentido do encontro*

Deus não nos criou para vivermos sozinhos. É bom termos uma família, amigos, podermos ir à escola, à Igreja, à catequese. Assim como nós pertencemos a vários grupos, Jesus também quis formar o seu grupo de amigos. Ele chamou seus apóstolos para ajudá-lo na missão de mostrar às pessoas que Deus existe e deseja que todos vivam bem, em harmonia, como irmãos: um ajudando o outro.

### *Objetivo*

Reconhecer a importância da formação de uma comunidade de amigos que partilham a vida testemunhando o que Deus deseja para todos: que vivam como irmãos.

### *Ambientação*

Ambiente circular, vela, Bíblia, desenho grande do caule de uma árvore, uma folha de papel para cada catequizando e um cartaz com a frase: "Cada pessoa é única e linda, mas juntos somos uma obra-prima!" Preparar no espaço um lugar para colocar as fotos que foram solicitadas no encontro anterior.

### *Acolhida*

Organizar o espaço em círculo e acolher com carinho e alegria cada catequizando que chegar para o encontro e, depois fazer uma acolhida especial para todo o grupo reunido.

## 1. OLHANDO PARA A VIDA

Pedir aos catequizandos que apresentem as fotos que trouxeram dos amigos, comentando o porquê de suas escolhas e qual a importância desses amigos em suas vidas. Depois peça para que as coloquem no espaço preparado.

Relembrar com eles outros grupos a que pertencem em que a amizade existe: família, escola... Depois, oriente para conversarem a partir das perguntas:
- ✓ Quem já mudou de cidade ou de escola?
- ✓ Qual é a sensação de chegar num lugar e não conhecer ninguém?

Deixar os catequizandos falarem e explorar as experiências de mudança que tiverem vivido.

Solicitar que cada catequizando pegue uma folha de papel e desenhe o contorno de uma de suas mãos, a decore e recorte. Depois peça para que a coloquem no desenho do caule, para formar os galhos de uma árvore.

Motivar a observarem a árvore formada e a conversarem sobre o fato de cada um ser diferente do outro, mas, apesar de suas diferenças, juntos formarem um grupo bonito de pessoas diferentes, que podem crescer como amigos e irmãos uns dos outros.

## 2. ORAÇÃO INICIAL

*Acende-se a vela...*

Motivar a repetir o refrão: *Ó luz do Senhor, que vem sobre a Terra inunda meu ser, permanece em nós.*

Convidar para, de mãos dadas, rezar a oração do Pai-nosso.

## 3. ESCUTANDO A PALAVRA

Proclamar o Evangelho segundo São Marcos 1 16-20.

Convidar um catequizando a proclamar o texto mais uma vez.

Motivar os catequizandos a refletirem e anotarem suas respostas às questões propostas em seus livros:

- **a** O que diz o texto bíblico que ouvimos, do que está falando?
- **b** O que Jesus estava fazendo?
- **c** Quantas pessoas Jesus chamou?
- **d** Qual o nome delas? O que eles faziam?

### Compreendendo a Palavra

*O chamado dos primeiros discípulos, aqueles que receberiam os ensinamentos do Mestre e seriam preparados para virem a ser seus apóstolos, ou seja, os que iriam difundir a Palavra de Deus, é um convite aberto a todos que ouvem a Palavra de Jesus. Ao receber o chamado, muitos precisam fazer opções, por exemplo, Simão e André deixaram a profissão, Tiago e João deixaram a família... Seguir a Jesus implica deixar as seguranças que impedem o compromisso com uma ação transformadora. Jesus queria o bem do povo e desejou que sua missão durasse para sempre, que não terminasse nunca. Formou um grupo de pessoas para trabalhar com Ele. Esse grupo foi chamado de os Doze Apóstolos, que quer dizer enviados. Os Apóstolos foram amigos e auxiliares de Jesus, foram eles que levaram a mensagem de amor e salvação a todos os povos da Terra. O registro minucioso dos nomes dos Apóstolos é significativo e reflete uma tradição muito antiga da fé cristã que aponta para a seguinte realidade: Deus tem conosco uma relação pessoal.*

> *Para aprofundar e refletir*
>
> Ao explorar o chamado ao seguimento de Jesus, contemplando a vocação dos discípulos missionários, o documento de Aparecida nos ajuda a refletir sobre o tipo de vínculo que Jesus oferece e espera estabelecer com seus seguidores: o vínculo de amigo e irmão. O resultado desse vínculo se concretiza no reconhecimento de serem membros de uma comunidade em que se identificam na condição de irmãos.
>
> Jesus não inicia sua atividade na Judeia, em Jerusalém – centro político, religioso e cultural –, mas na Galileia, região desvalorizada, de gente simples e pobre, próxima do mundo pagão. O Papa Francisco insiste na necessidade de a Igreja se voltar para os pobres e ir às periferias geográficas e sociais, pois, a partir deles, chega-se ao Reino de Deus. O centro da nossa fé é Jesus Cristo, que convoca e envia. Ele nos chama para estarmos com Ele e sermos um grupo de amigos que trabalham, vivem juntos, compartilham da mesma vida que vem do Pai, e pede que sejamos obedientes à Palavra de Deus (cf. DAp, n. 133).
>
> Ler e meditar os números 132 e 133 do Documento de Aparecida.

## 4. MEDITANDO A PALAVRA

Após refletir com os catequizandos sobre o que o texto aborda, proponha que respondam em seus livros às questões:

- ✓ Qual o ensinamento que a Palavra de Jesus nos dá?
- ✓ Jesus continua chamando hoje? Quem ele chama?
- ✓ Ele nos quer seus discípulos. Estamos dispostos a segui-lo?
- ✓ Respondemos ao chamado de Jesus?

Dar espaço para que os catequizandos possam compartilhar suas respostas com o grupo, ajudando-os, se necessário, a corrigir equívocos.

## 5. REZANDO COM A PALAVRA

Motivar a escreverem uma oração pessoal a partir da Palavra refletida no encontro, rezá-la em silêncio.

Convidar o grupo para que, um de cada vez, reze em voz alta a sua oração.

Encerrar este momento rezando todos juntos o primeiro versículo do Salmo 133: "Como é bom e agradável os irmãos viverem unidos".

Solicitar que formem um círculo, se abracem e digam juntos: *Queremos ser um grupo de amigos e caminharmos juntos.*

## 6. VIVENDO A PALAVRA

Questionar: diante de tudo o que vimos e ouvimos neste encontro, que atitude você e seu grupo querem assumir para mostrar que são amigos de Jesus e desejam caminhar com Ele?

Desafiar os catequizandos a participarem de um concurso para escolher um nome para o grupo, que você, catequista, irá organizar. Para isso, peça que, para o próximo encontro, cada um apresente uma sugestão de nome pelo qual gostaria que o grupo fosse chamado.

Definir com o grupo os critérios para apresentar a sugestão e como será realizada a escolha do nome do grupo.

- ✓ Orientar sobre o concurso para escolher um nome para o grupo de catequese.
- ✓ Pedir que, em casa, cada um pense em um nome, escreva em uma tira de papel e apresente sua sugestão no próximo encontro.

## 3º ENCONTRO

# CONHECENDO UM GRANDE AMIGO

*Sentido do encontro*

Quando nós gostamos de uma pessoa, expressamos carinho e atenção por ela, a tratamos bem e queremos estar sempre próximos a ela. Para nosso amigo ou amiga procuramos oferecer tudo o que temos de melhor. Em nossa vida Jesus é um amigo assim, que oferece o melhor. Isso podemos reconhecer em muitas de suas ações: quando, por exemplo, demonstrou ser um bom amigo das crianças, acolhendo-as com carinho, dando-lhes atenção e valorizando-as em uma época em que sofriam violência e eram discriminadas.

*Objetivo*

Reconhecer que Jesus ama todas as pessoas e é um amigo fiel.

*Ambientação*

Bíblia, vela, vidro com água e um tecido da cor do tempo litúrgico. Uma imagem ou quadro de Jesus com as crianças e uma caixinha para colocar os papéis com o nome que cada um escolheu para o grupo.

*Acolhida*

Acolher os catequizandos com amor e alegria, cumprimentando-os pelo nome. Pedir aos que trouxeram a sugestão de nomes para o grupo que os coloquem na caixinha.
**Canto**: *Seja bem-vindo, olelê* (Pe. José Freitas Campos) ou outro à escolha.

## 1. OLHANDO PARA A VIDA

Iniciar a conversa perguntando como viveram o compromisso do encontro anterior; sobre quantos e quais são os amigos que cada um tem. É importante ter amigos?

Convidar o grupo a demonstrar, com um abraço, o carinho e o afeto pelos colegas.

## 2. ORAÇÃO INICIAL

*Acende-se a vela...*

Fazer o sinal da cruz e um momento de silêncio.

Orientar que peçam a Jesus para crescer na amizade com Ele e com os colegas de catequese.

Convidar para cantar: *Eu tenho um amigo que me ama* (Pe. Jonas Abib) ou outro à escolha.

## 3. ESCUTANDO A PALAVRA

Proclamar o texto bíblico de Eclesiástico 6,14-17.

Ler o texto uma segunda vez e depois orientar a pensarem, anotarem e compartilharem com o grupo.

Motivar os catequizandos a refletirem e anotarem as respostas às questões em seus livros:

- **a)** O que diz o texto bíblico?
- **b)** Como deve ser um amigo verdadeiro?
- **c)** Qual a frase que mais chamou a sua atenção, que tocou seu coração?
- **d)** O que tem de belo, de bonito nas suas amizades? E o que precisa melhorar?

Após, apresentar aos catequizandos a explicação do texto bíblico, comentando aspectos propostos no *Compreendendo a Palavra*.

### Compreendendo a Palavra

*Todos nós gostamos de ter amigos. Encontrar amigos de verdade não é tão fácil. Conforme lemos no livro do Eclesiástico, o amigo de verdade é o que cuida, protege e cura. Quem encontra um amigo encontrou um tesouro. Um amigo pode nos transformar, porque, antes de tudo, o amigo nos ama como somos. O amigo consegue nos corrigir e, muitas vezes, só ele é capaz de alcançar esse feito. Ele atinge o coração e chega lá, naquele lugar em que ninguém consegue chegar. Jesus é esse amigo fiel, acolhedor, que nos ouve, nos corrige e dá testemunho com sua vida de que ama a todos sem distinção, até mesmo convida a amar os inimigos.*

*Para aprofundar e refletir*

O Papa Francisco, em junho de 2021(FRANCISCO, 2021), nos ajuda a compreender a beleza e o dom da amizade quando nos fala da fidelidade dos amigos que permanecem ao nosso lado nos momentos difíceis, destacando serem manifestação da presença amorosa do Senhor. Ainda, o Papa nos ajuda a reconhecer que ter amigos é uma oportunidade que possibilita aprender a partilhar a vida, a cuidar uns dos outros. Em sua fala, enaltece que nada pode se comparar a um amigo fiel e destaca a amizade como presente e dom de Deus.

Ler e meditar os números 150-153 sobre a amizade, na Exortação apostólica *Christus Vivit*, do Papa Francisco.

## 4. MEDITANDO A PALAVRA

Orientar a meditarem a partir das questões em seus livros, solicitando para fazerem suas anotações. Depois incentivar a partilha por meio das perguntas:

- ✓ O que a Palavra que ouvimos nos ensina?
- ✓ Como valorizamos as pessoas?
- ✓ Quem são nossos amigos, como convivemos com eles? Somos fiéis ou temos amizades apenas por interesses pessoais?
- ✓ Na nossa vida, sabemos acolher os outros, os mais necessitados e indefesos?

## 5. REZANDO COM A PALAVRA

Questionar sobre o que o texto bíblico nos faz dizer a Deus. Após a leitura, convidar para que, em silêncio, cada um faça a sua oração, motivando-os a fechar os olhos, a imaginar Jesus ao seu lado como um grande amigo e conversar com Ele como conversa com os amigos. Depois, orientar a escreverem a conversa com Jesus e partilhar com o grupo.

Convidar o grupo a rezar junto. Para isso, motivá-los a participar.

Pedir que todos fiquem em pé diante da imagem ou do quadro de Jesus. Orientar para que repitam a seguinte frase: *Nós queremos ir ao encontro de Jesus, porque Ele é nosso amigo fiel. Ele disse: "Deixem vir a mim as criancinhas".*

Orientar a rezarem, de mãos dadas, a oração do Pai-nosso por todas as crianças que ainda não reconhecem Jesus como amigo. Depois solicitar que coloquem a mão na água que preparada antecipadamente, explicando que deverão tocar nela e traçar o sinal da cruz na testa do colega que está ao seu lado.

Concluir esse momento pedindo que todos se deem um abraço, expressando com esse gesto carinho, acolhida e amizade.

## 6. VIVENDO A PALAVRA

Convidar os catequizandos a pensarem sobre:
- ✓ O que o texto que refletimos no encontro te leva a fazer e viver nesta semana para ter atitudes de um amigo fiel?
- ✓ Que gesto ou atitude devemos assumir para nossa vida?

Solicitar para que cada catequizando faça um quadro bem bonito no seu livro. Para isso, sugira que colem uma imagem de um grupo de amigos, e do lado, uma imagem de Jesus. Orientar que contemplem a imagem e escrevam uma frase para explicar o que significa a presença de Jesus na cena. Caso os catequizandos não tenho acesso a imagens para recortar, sugira que façam um desenho sobre o que é solicitado.

- ✓ Antes de concluir o encontro, fazer a escolha do nome do grupo.
- ✓ No próximo encontro, trazer o nome do grupo que foi escolhido escrito em uma faixa ou cartaz.

## 4º ENCONTRO

# QUEM É JESUS?

*Sentido do encontro*

Quem é Jesus? Essa é uma pergunta que as pessoas buscam constantemente responder. A Bíblia, especialmente os Evangelhos, apresentam diferentes expressões e imagens que apontam para quem é Jesus, por exemplo: é o Bom Pastor, a Videira, o Caminho, a Verdade e a Vida, o Pão da vida, a Água viva, o Messias, aquele que veio revelar o Pai e realizar o seu plano de amor. Cada uma dessas respostas se associa ao que Ele fez e ensinou.

*Objetivo*

Compreender quem é Jesus e o que Ele significa para minha vida.

*Ambientação*

Bíblia, vela, um tecido da cor do tempo litúrgico, uma ou mais imagens de Jesus, faixa ou cartaz com o nome do grupo.

*Acolhida*

Acolher cada um com alegria, expressando o carinho e a importância de estarem juntos.

## 1. OLHANDO PARA A VIDA

Destacar: no encontro anterior, vimos que Jesus é nosso amigo e quer estar sempre conosco. Para nos tornarmos amigos de Jesus, precisamos conhecê-lo. Comentar que nesse encontro irão conversar sobre: o que sabemos sobre Jesus?; que imagem nós temos dele?; quem é Jesus para cada um de nós?

Após ouvir os catequizandos, convidar para que cada um mostre a ilustração que fez no seu livro, no encontro anterior, e ler a frase sobre o que significa a presença Dele junto às pessoas.

## 2. ORAÇÃO INICIAL

*Acende-se a vela...*

Convidar a repetirem juntos o refrão: *Dentro de mim existe uma luz* (Pe. Zezinho).

Motivar a traçarem o sinal da cruz e convidar a olharem as diferentes imagens de Jesus que estão ambientando o encontro. Ainda contemplando as imagens, convidar a rezarem juntos o Pai-nosso.

## 3. ESCUTANDO A PALAVRA

Proclamar o Evangelho segundo São Mateus 16,13-20.

Orientar que proclamem uma segunda vez o Evangelho, cada um lendo um versículo, com atenção às pessoas, palavras, perguntas e respostas do texto.

Solicitar que cada um pense e faça suas anotações para partilhar com o grupo.

- ⓐ Qual frase chamou mais a sua atenção? O que mais toca o seu coração?
- ⓑ Quais palavras mais se repetem no Evangelho de hoje?
- ⓒ Quais personagens surgem durante a narrativa?

### Compreendendo a Palavra

*O que chama nossa atenção nesse texto é a capacidade pedagógica de Jesus, que inicia com uma pergunta bem aberta, abrangente: "Quem dizem os homens que é o Filho do Homem?". Dessa pergunta, recebe diferentes respostas, também muito vagas, nada comprometedoras: as respostas expressam o parecer dos outros. A situação repercute mais comprometedora quando Jesus muda a pergunta: "E vocês, quem dizem que eu sou?". Aqui as respostas são poucas, pois as consequências das respostas ganham maior proporção. Pedro, representante dos Doze, cria coragem e proclama a verdade sobre Jesus: "Tu és o Messias, o Filho do Deus vivo". O evangelista Mateus apresenta o fato de que Jesus confirma a verdade do que Pedro proclamou. Jesus afirmou que foi por meio de uma revelação do Pai que Pedro fez a sua profissão de fé, e não pela própria força. Essa resposta agradou Jesus, pois Ele sabia que a afirmação de Pedro era fruto da sua convivência com Ele! Pedro diz a Jesus: "Tu és o Messias, o Filho do Deus vivo". Por essa profissão de fé, Pedro é convocado para uma missão desafiadora: ser a pedra sobre a qual será construída a Igreja de Jesus. A mesma pergunta é feita hoje para cada um nós: quem é Jesus para mim? A resposta é muito pessoal e, mais ainda, não apenas em palavras, mas pela nossa vida, pelas nossas atitudes, é que vamos mostrando quem é Jesus para nós.*

*Para aprofundar e refletir*

Reconhecer quem é Jesus, o Filho de Deus, identificando que sua vida é uma entrega em favor das pessoas, uma prova do amor de Deus consumada em sua morte e ressurreição, é essencial para que saibamos agir como seus discípulos, pois,

> Por ser o Cordeiro de Deus, Ele é o Salvador. Sua paixão, morte e ressurreição possibilitam a superação do pecado e a vida nova para toda a humanidade. Nele, o Pai se faz presente, porque quem conhece o Filho conhece o Pai (cf. Jo 14, 7) (DAp, n. 102).

E para segui-lo como seus discípulos, precisamos assumir que "com a alegria da fé, somos missionários para proclamar o Evangelho de Jesus Cristo e, nele, a boa nova da dignidade humana, da vida, da família, do trabalho, da ciência e da solidariedade com a criação" (DAp, n.103).

Ler e meditar os números 102 e 103 do documento de Aparecida.

## 4. MEDITANDO A PALAVRA

Convidar os catequizandos a meditarem o sentido da Palavra a partir das perguntas e depois a registrarem no livro suas reflexões. Em seguida, aqueles que desejarem podem partilhar com o grupo.

- ✓ O que o texto diz para você e para nosso grupo?
- ✓ Qual é a importância das palavras de Jesus para sua vida?
- ✓ Quem é Jesus para você?

## 5. REZANDO COM A PALAVRA

Motivar a rezar, dizendo que podem agradecer ou pedir a Jesus por suas necessidades, pois Ele é o Messias, o Libertador, o Ressuscitado, o Filho de Deus.

Solicitar para que cada um recorde e anote o que a Palavra despertou em seu coração.

Pedir observarem as imagens do ambiente e questione: qual é a imagem de Jesus que mais chama atenção? Por quê?

Encerrar esse momento com o canto: *Amar como Jesus amou* (Pe. Zezinho).

## 6. VIVENDO A PALAVRA

Explicar que, como compromisso para esta semana, cada um irá fazer uma pesquisa com três ou quatro pessoas. Elas devem responder a seguinte pergunta: quem é Jesus para você?

Solicitar que anotem as respostas no livro, para apresentar no próximo encontro.

## 5º ENCONTRO

# JESUS AMA SEUS AMIGOS

### *Sentido do encontro*

Jesus é o Bom Pastor. Aquele que dedicou sua vida para o bem de todos. Dizer que Jesus é o bom Pastor, é uma expressão que ajuda a compreender que tal como o pastor de ovelhas conhece o seu rebanho e este o reconhece, Jesus conhece as pessoas, suas ovelhas, e por elas é conhecido. Deus se importa tanto com cada um de nós que enviou Jesus, o seu Filho, para ser o nosso Pastor.

### *Objetivo*

Reconhecer Jesus como o Bom Pastor, amigo que nos ama com grande amor e cuidado.

### *Ambientação*

Bíblia, vela, vaso com flores, um tecido na cor do tempo litúrgico, uma imagem de Jesus Bom Pastor com ovelhas.

### *Acolhida*

Cuidar sempre de uma boa acolhida, manifestar amor e alegria, para que o catequizando perceba o quanto é importante na caminhada desse grupo catequético.

## 1. OLHANDO PARA A VIDA

Retomar o compromisso do encontro anterior: a pesquisa sobre quem é Jesus. Perguntar quem conseguiu fazer e que respostas obtiveram. Promover um momento de partilha.

## 2. ORAÇÃO INICIAL

*Acende-se a vela...*

Escolher um refrão que envolva o tema do encontro e orientar os catequizandos a repeti-lo.

Convidar para um momento de silêncio, preparando-se para escutar a Palavra de Deus.

**Canto**: *Vem, Espírito Santo, vem!*

## 3. ESCUTANDO A PALAVRA

Proclamar o Evangelho segundo São João 10,11-15.

Orientar que releiam o texto e façam um tempo de silêncio.

Solicitar que reflitam e respondam às questões em seus livros.

- **a** Como Jesus se apresenta?
- **b** O que o bom pastor faz? Por que Jesus é o verdadeiro Pastor?
- **c** Qual frase chamou mais a sua atenção?
- **d** Qual a relação que existe entre o pastor, as ovelhas e o mercenário?

### Compreendendo a Palavra

*Jesus se apresenta como o Bom Pastor, aquele que dá a vida pelas ovelhas porque as ama. O texto faz uma comparação entre Jesus, o Bom Pastor, e os que são mercenários, os que não se importam com as ovelhas, só querem tirar proveito próprio. Nessa comparação, o curral representa a instituição que explora e domina o povo. Os ladrões e assaltantes são os dirigentes. Jesus mostra que sua mensagem é incompatível com qualquer instituição opressora e que sua missão é conduzir para fora da influência dela os que n'Ele acreditam, a fim de formar uma comunidade que possa ter vida. Jesus é o Bom Pastor porque conhece seu povo e seu povo o conhece. Conhecer, em sentido bíblico, é ter consciência que cria comunhão de vida, relação pessoal de amor e amizade. Conhecer as pessoas implica colocar-se ao lado delas. Jesus é o Bom Pastor porque dá a vida para que as pessoas a tenham em plenitude. Toda a vida de Jesus foi a favor da vida dos mais necessitados e sua proposta de vida é para todos os povos.*

### Para aprofundar e refletir

O Catecismo da Igreja Católica nos apresenta a pessoa de Jesus que ama, que salva, que cuida, e é esse Jesus que na catequese é preciso anunciar. Ele é o centro da catequese e catequizar é apresentá-lo como aquele em quem se encontra o desígnio de Deus. Catequizar é fazer compreender o significado das palavras, gestos e sinais que Jesus realizou para entender sua mensagem e proposta à humanidade.

Ler e meditar os números 428 e 429 do Catecismo da Igreja Católica.

## 4. MEDITANDO A PALAVRA

Motivar os catequizandos a buscarem respostas às questões iluminados pelos ensinamentos que o Evangelho inspira. Depois, oriente a registrarem em seus livros a mensagem da meditação para suas vidas.
- ✓ Qual a mensagem de Jesus?
- ✓ Como Jesus ama suas ovelhas, seu povo? Quem são os pastores hoje e quem são os mercenários? Como agem?

Pedir para olharem a imagem de Jesus, o Bom Pastor, e conversar com os catequizandos, perguntando:
- ✓ O que Jesus está fazendo? E as ovelhas?
- ✓ Existem ovelhas longe de Jesus?
- ✓ O que podemos fazer para que aqueles que estão afastados se aproximem de Jesus para ter uma vida melhor?

## 5. REZANDO COM A PALAVRA

Incentivar a pensar sobre o que desejam dizer a Deus em oração. Depois pedir que rezem com a Bíblia, juntos, o Salmo 23(22). Orientar que peçam a Jesus, o Bom Pastor, para que os conduza por caminhos seguros e os ajude a ter uma vida de amor e paz.

Encerrar este momento com a oração do Pai-nosso.

## 6. VIVENDO A PALAVRA

Perguntar: que compromissos podem assumir para serem bons pastores e testemunhar o que aprenderam no encontro?

- ✓ Entregar o convite da celebração de entrega da Palavra para os pais e padrinhos dos catequizandos.
- ✓ Solicitar que tragam a Bíblia para a celebração.

**6º ENCONTRO**

# JESUS, AS CRIANÇAS E O REINO

*Sentido do encontro*

Jesus veio anunciar o Reino do Pai, que deve ser acolhido por todos. Para acolher o Reino, as pessoas devem ser simples, libertas de preconceitos e atitudes egoístas. O Reino de Deus é onde se faz uma experiência de uma vida de paz, de alegria, de simplicidade e amor. Ele acolhe e abençoa as pessoas sem fazer distinção entre elas, sem preconceito ou discriminação.

*Objetivo*

Compreender o que é o Reino anunciado por Jesus.

*Ambientação*

Bíblia e vela, imagem de pessoas vivendo em comunhão, alegres, conversando.

*Acolhida*

Receber os catequizandos convidando para observarem o ambiente e descobrir qual a relação dos elementos da ambientação com o tema do encontro.

## 1. OLHANDO PARA A VIDA

Solicitar que partilhem como viveram os compromissos assumidos no encontro anterior.

Comentar: no encontro anterior, conversamos sobre como Jesus ama seus amigos. Ele é o Bom Pastor que cuida, conhece, acolhe a cada um.

Depois mencionar que neste encontro vamos dar um passo adiante e buscar compreender qual é a proposta que Jesus nos apresenta: o Reino de Deus. Destacar que vamos conhecer mais de Jesus, vamos nos encantar pelo Jesus que ama os pequenos, os simples de coração, as crianças.

Questionar: como as crianças são atendidas e acolhidas hoje em nossa realidade?

Incentivar a conversarem sobre o tipo de vida que as pessoas desejam. Explorar que para se obter uma vida feliz, do jeitinho que Deus deseja para nós, é necessário eliminar o preconceito, não ter atitudes egoístas e praticar o respeito, a solidariedade e a paz. Questionar se os catequizandos buscam uma vida assim.

Orientar que comentem como imaginam que deva ser a convivência entre as pessoas e a vida no mundo. Após ouvi-los, destaque que Jesus veio ao mundo para nos ensinar como deve ser o Reino de Deus, que é diferente de outros reinos.

## 2. ORAÇÃO INICIAL

*Acende-se a vela...*

Preparar um canto ou refrão para ser entoado, com a finalidade de ajudar os catequizandos a se prepararem para ouvir a Palavra que será proclamada.

Convidar a fazer silêncio e lentamente o sinal da cruz, pedindo a luz de Deus para saberem acolher os ensinamentos do encontro.

## 3. ESCUTANDO A PALAVRA

Proclamar o Evangelho segundo São Lucas 18,15-17.

Pedir para lerem novamente o texto, em silêncio. Depois, solicitar que contem o texto com suas palavras e, se possível, em grupo criem uma encenação para representá-lo.

Motivar a refletir e anotar o que acharam mais importante da passagem do Evangelho, registrando em seus livros:

**a)** O que você destaca como mais importante da passagem do Evangelho?

### Compreendendo a Palavra

*No texto do Evangelho de Lucas, Jesus se mostra muito acolhedor e próximo às crianças. Ele não se incomoda com sua presença, ao contrário, chama atenção e corrige os discípulos que querem afastá-las. Toca nelas e as abraça. Ao dizer: "Deixem as crianças, vir a mim não as impeçam, porque o Reino de Deus pertence aos que são semelhantes a elas" e "Quem não receber o Reino como uma criança, não pode entrar nele" (Lc 18,17), Jesus transgride aquelas normas legais de pureza e impureza que impedem o acolhimento e a ternura.*

*Nem sempre é fácil discernir entre o que vem do tempo de Jesus e o que é do tempo das comunidades para as quais foram escritos os Evangelhos. Mesmo assim, o que fica claro é o contexto de exclusão que vigorava à época e a imagem que as primeiras comunidades faziam de Jesus: Jesus tinha uma capacidade muito grande de contar parábolas, pequenas histórias para comparar as coisas de Deus e do Reino que não são tão evidentes, explorando as coisas da vida do povo que todos conheciam e experimentavam diariamente na sua luta pela sobrevivência. Isso supõe duas coisas: estar por dentro das coisas da vida do povo, e estar por dentro das coisas de Deus, do Reino. Essa foi uma forma participativa de ensinar e de educar o povo que Jesus utilizou. Levava a pessoa a refletir sobre sua própria experiência de vida e fazia com que essa experiência a levasse a descobrir que Deus está presente no cotidiano da vida de cada dia. Desse modo, pelo seu jeito e testemunho de vida, Jesus ensina aos discípulos que para merecer e entrar no Reino é necessário acolher a todos, grandes e pequenos, sem distinção (cf. MESTERS; OROFINO, 2009).*

## *Para aprofundar e refletir*

O Catecismo da Igreja Católica, ao se referir sobre o Reino de Deus, afirma que sua existência é antecedente a nós. Para compreendermos melhor a presença desse Reino no meio de nós, desde a instituição da Eucaristia na Santa Ceia, o Catecismo nos ensina que ele se fez presente no Verbo Encarnado, cujo anúncio perpassa todo o Evangelho e se concretiza com a morte e ressurreição de Cristo (cf. CIgC, n. 2816). Desde o início de sua vida pública, Jesus escolhe homens (em número de doze) para estarem com Ele e para participar de sua missão; deu-lhes participação em sua autoridade e os enviou para anunciar o Reino de Deus e restituir a saúde dos enfermos. Permanecem eles para sempre associados ao Reino de Cristo, pois Jesus dirige a Igreja por intermédio deles. Falando do Reino, o Papa Francisco, na sua Exortação Apostólica *Evangelii Gaudium* – A alegria do Evangelho, nos chama atenção dizendo que o amor de Deus vai reinando entre nós à medida que vamos criando espaços para ele reinar. Somente com essa abertura esse acolhimento conseguiremos transformar nossas atitudes e, a partir dessa transformação, vamos criando uma sociedade mais fraterna, mais justa, onde reina paz e dignidade para todos.

Ler e meditar:
- ✓ Os números 2817-2821 do Catecismo da Igreja Católica.
- ✓ Os números 180 e 181 da Exortação Apostólica *Evangelii Gaudium* – A alegria do Evangelho.
- ✓ Os textos bíblicos: Rm 6,12; Mc 1,15; Mt 6,33; Mt 10,7; Jo 3,3-6.

## 4. MEDITANDO A PALAVRA

Orientar a meditarem a Palavra com as perguntas em seus livros e a registrarem as respostas que poderão partilhar com o grupo.
- ✓ O que a Palavra de Deus diz para cada um de nós, para o nosso grupo de catequese?
- ✓ Que ensinamentos nos dá?
- ✓ Que atitudes precisamos ter para pertencermos ao Reino de Deus anunciado por Jesus?

## 5. REZANDO COM A PALAVRA

Questionar: o que a Palavra os faz dizer a Deus hoje?

Solicitar que olhem para a imagem em seus livros e, pensando o que desejam dizer a Deus, escrevam uma oração pessoal.

Convidar a rezar com o grupo a oração:

> *Jesus, amigo das crianças, nós te agradecemos porque nos acolhes e abençoas a nós que somos pequenos e simples. Obrigado, Jesus. Queremos te conhecer melhor, queremos anunciar a todos o teu Reino de paz, de verdade, de alegria, de fraternidade e amor. Abençoa hoje a cada um de nós, para que possamos anunciar a ti e o Reino do Pai na família, na escola, no jogo e com os amigos. Amém.*

Concluir com todos de mãos dadas rezando a oração do Senhor: *Pai nosso...*

Se for possível, finalizar com o canto: *Por causa de um certo Reino* (Pe. Zezinho).

## 6. VIVENDO A PALAVRA

Comentar: nosso compromisso esta semana será de anunciar a outras crianças e a quem nós encontrarmos que Jesus nos ama e nos quer como representantes e testemunhas do Reino de Deus, na escola, no jogo, na família e onde estivermos.

Questionar: que atitudes vamos assumir esta semana para viver o que Jesus nos ensinou no encontro de hoje?

✓ Marcar dia e horário da celebração da entrega da Palavra de Deus.

# CELEBRAÇÃO DA ENTREGA DA PALAVRA DE DEUS

(Na primeira semana de setembro)

- ✓ *Lembrar sempre a importância de preparar este momento com os catequizandos convidando os pais/responsáveis antecipadamente. Combinar com o padre e a equipe de liturgia e canto, para realizar uma boa celebração e um momento marcante e agradável, sem desencontros.*
- ✓ *Reservar o espaço para os pais/responsáveis e catequizandos.*
- ✓ *Na motivação inicial da celebração, acolher os catequizandos e os pais/responsáveis e explicar o sentido da celebração.*
- ✓ *No início da Liturgia da Palavra: procissão da entrada do Lecionário.*

## 1. ACOLHIDA DA PALAVRA

*Animador:* Acolhemos o livro da Palavra de Deus. Ela vai nos falar hoje e falará aos catequizandos que estão no caminho de Iniciação à Vida Cristã. Estendamos nossa mão como gesto de aceitação da Palavra de Deus e disponibilidade para segui-la em nossa vida de cada dia.

**Canto**: à escolha.

> Liturgia da Palavra do dia, caso a celebração aconteça na missa da comunidade. Após a homilia: realizar o rito da entrega da Bíblia para cada catequizando (envolvendo pais ou introdutores).

*Animador:* A Bíblia é a Palavra de Deus, é o livro principal da catequese. Por ela conhecemos quem é Deus, quem é Jesus, e aprendemos a viver o que Ele nos ensina. Ela faz com que estejamos mais próximos de Jesus. Com ela aprendemos como Jesus quer que vivamos, para sermos sempre seus amigos. Por isso, hoje, entregamos a vocês o Livro Sagrado, para que ele seja lido, meditado, rezado e vivido. Pedimos aos pais e/ou responsáveis que segurem a Bíblia erguida junto a seus filhos.

> O presidente da celebração reza.

**Presidente:** Senhor Jesus, que nos convidas a construir a nossa vida sobre a tua Palavra, vivendo e agindo ao teu modo, pedimos que tenhamos em nós os mesmos sentimentos que tiveste e que vivamos os teus ensinamentos. Por isso, pedimos a ti que, ao receber hoje a Bíblia, nos ajude a conhecer e viver a tua Palavra. Que ela seja lâmpada para nossos passos e luz para o nosso caminho. Isso te pedimos, Tu que és Deus com o Pai na unidade do Espírito Santo. Amém.

***Presidente da celebração:*** Queridos catequizandos, recebam, pois, o Livro Sagrado da Palavra de Deus. Que a Palavra Divina seja força no coração e luz na vida.

> Alguém da família, introdutor ou os catequistas entrega o Livro Sagrado aos seus filhos/catequizandos.

**Canto**: à escolha.

> Os catequizandos erguem a Bíblia e, ajudados pelo presidente, repetem a oração.

*Catequizandos:* Senhor Jesus, muito obrigado pela tua Palavra, queremos acolhê-la em nosso coração e amá-la. Que saibamos seguir o caminho que ela nos indica e viver conforme teus ensinamentos. Amém.

## 2. BÊNÇÃO FINAL

> O presidente da celebração convida os catequizandos a inclinarem a cabeça e os pais/responsáveis ou acompanhantes a estenderem a mão sobre eles, para dar a bênção.

***Presidente:*** Abençoa, Senhor, estes teus filhos e filhas, a quem entregamos hoje a tua Palavra, para que, acolhendo-a no coração, encontrem a sabedoria que leva à salvação, pela fé em Jesus Cristo, nosso Senhor, que é Deus conosco, na unidade do Espírito Santo. Amém.

**7º ENCONTRO**

# A PALAVRA DE DEUS NOS REVELA JESUS

*Sentido do encontro*

A Palavra de Deus é a fonte da catequese. É nela e por meio dela que conhecemos melhor quem é Deus e o seu amor por nós, seu projeto de vida e de salvação. Os nossos encontros de catequese terão como fonte primeira e base fundamental a Palavra de Deus.

*Objetivo*

Identificar a importância de conhecer o livro da Palavra de Deus, buscando nele o alimento para vida cristã.

*Ambientação*

Uma vela e a Bíblia em destaque, tecido da cor litúrgica e um vaso com flores.

*Acolhida*

Receber os catequizandos com alegria.

## 1. OLHANDO PARA A VIDA

Conversar sobre a celebração da qual participaram e sobre a entrega da Bíblia. Questionar: como costumamos nos comunicar hoje com as pessoas? Quais livros são mais procurados nas feiras de livros? Mencionar que nesse encontro irão conhecer melhor a Bíblia, o livro mais importante para nós cristãos. Perguntar: o que já sabem sobre a Bíblia? Em casa, costumam ler a Bíblia, quando?

## 2. ORAÇÃO INICIAL

*Acende-se a vela...*

**Canto**: à escolha.

Motivar a traçar o sinal da cruz e a rezarem juntos: *Glória ao Pai e ao Filho e ao Espírito Santo...*

## 3. ESCUTANDO A PALAVRA

Convidar os catequizandos para ficarem em pé e proclamar o Evangelho segundo São Lucas 4,16-21.

Reler o texto em mutirão, cada catequizando lê um versículo. Após a leitura, todos erguem a Bíblia e cantam.

**Canto**: *Tua Palavra é lâmpada* (Simei Monteiro).

Motivar a retomar o texto questionando e orientando que pensem e anotem em seus livros as respostas às questões:

- **a** Onde está Jesus? O que Ele proclama?
- **b** Qual a mensagem desse texto?

### Compreendendo a Palavra

*Jesus está na sinagoga, lugar da comunidade se reunir para a oração. Era uma prática de Jesus estar no meio do seu povo, participando de sua vida de fé. Ensinava nas sinagogas da Galileia, na periferia da Palestina. Toda sua missão é movida pelo dinamismo do Espírito do Pai. Jesus fala de sua missão, animado pela força do Espírito, e, por isso, ensina que também nós abramos nosso coração ao Espírito Santo e nos coloquemos a serviço da vida e do bem de todas as pessoas. A missão de Jesus é de esperança, de vida digna, certamente para todos, mas especialmente para os que estão excluídos, abandonados e que sofrem injustiças. Jesus faz memória da profecia de Isaías para descrever em que consiste a sua missão de anunciar uma boa-nova aos pobres.*

### Para aprofundar e refletir

A Bíblia foi um meio que Deus usou para se comunicar com as pessoas. A primeira parte, conhecida como Antigo Testamento, explicita que por amor Deus vai se relevando ao homem ao longo da história, comunicando seu mistério por gestos, ações e palavras. Por uma decisão totalmente livre, escolheu para si um povo e com esse povo fez aliança por intermédio de Abraão (cf. Gn 15,18) e depois por meio de Moisés com o povo de Israel (cf. Ex 24,8). O Senhor vem ao encontro do povo de Israel e se dá a conhecer como o Deus único, verdadeiro e vivo. Fala pela boca dos profetas, para que seus planos sejam difundidos entre todos os povos, mas de tal modo que o seu povo, o povo de Israel, pudesse fazer a experiência de seus planos divinos, concebido desde a eternidade em Jesus Cristo, em prol de todos os homens.

> Ler e meditar:
> - ✓ Os números 50-53 do Catecismo da Igreja Católica.
> - ✓ Os números 11 e 12 da Exortação Apostólica pós-sinodal *Verbum Domini*: sobre a Palavra de Deus na vida e na missão da Igreja, de Bento XVI.
> - ✓ Os números 162, 163, 167, 168 e 184, da Constituição Dogmática *Dei Verbum*: sobre a Revelação Divina.

## 4. MEDITANDO A PALAVRA

Incentivar os catequizandos a pensarem sobre:
- ✓ O que a Palavra diz para nós? O que Jesus anunciou?
- ✓ Qual a relação que você tem com a Bíblia, o livro da Palavra? E sua família?

Orientar a fazerem o exercício de aprender a encontrar os livros, os capítulos e os versículos da Bíblia, selecionando para isso alguns textos, por exemplo, At 2,42-45.

O catequista ajudará todos a procurar. Não se anunciam páginas, somente os capítulos e os versículos. Fazer vários exercícios.

## 5. REZANDO COM A PALAVRA

Motivar a pensar sobre o que a Palavra de Deus os faz dizer a Deus.

Conceder um tempo de silêncio para refletir e solicitar que expressem espontaneamente suas preces a Deus.

Pedir para todos colocarem a Bíblia aberta próximo ao coração enquanto cantam.

**Canto**: *Toda a Bíblia é comunicação* (Pe. José Cândido da Silva).

O catequista ficará à frente com a Bíblia aberta e convidará, um de cada vez para que, em silêncio, com respeito, se aproxime do livro sagrado e faça um gesto conforme seu coração sentir: uma inclinação, uma reverência ou um toque.

Convidar a rezar juntos a oração:

> *Ó Deus, nós vos louvamos pela vossa Palavra que é vida e verdade, é luz no nosso caminhar. Fazei que estejamos sempre abertos para acolhê-la em nossa vida e atentos aos seus ensinamentos. Que saibamos ler, meditar, rezar e viver vossa Palavra, que ela se torne para nós o alimento cotidiano. Nós vos pedimos, por vosso filho, Jesus Cristo. Amém.*

Concluir esse momento rezando, de mãos dadas, a oração do Senhor: *Pai nosso...*

## 6. VIVENDO A PALAVRA

Escolher juntos um compromisso para realizar durante a semana.

**Sugestão:** cada um, em casa, arrumar um lugar de destaque para colocar a Bíblia. Todos os dias, convidar os membros da família para ler um breve texto da Palavra de Deus e fazer uma oração.

- ✓ Orientar que façam uma foto do espaço organizado com a Bíblia em suas casas.

## 8º ENCONTRO

# CONHECENDO MELHOR A BÍBLIA

### *Sentido do encontro*

A Sagrada Escritura é como uma fonte de água da qual, ao beber, a pessoa se sente renovada. Essa comparação nos ajuda a compreender e a crermos que a Palavra de Deus é sempre nova e atual. Ao ler o texto da Escritura, devemos fazê-lo com respeito e atenção às palavras, às repetições, ao jeito que está escrito, a quem aparece no texto, em que lugar, o que fazem, o que falam..., em seguida, ao que nós queremos dizer a Deus e ao que queremos viver.

### *Objetivo*

Compreender que, por meio da Sagrada Escritura, Deus vai se revelando gradativamente a nós, iluminando a nossa vida.

### *Ambientação*

A Bíblia em destaque com flores, uma vela e as palavras dos passos da leitura orante da Bíblia:
   **1.** leitura;
   **2.** meditação;
   **3.** oração;
   **4.** contemplação.

Se possível, preparar uma escadinha com quatro degraus e colocar as palavras nos degraus debaixo para cima. Prover uma vela para cada catequizando.

### *Acolhida*

Acolher os catequizandos com alegria, saudando-os, se possível, com um versículo bíblico.

## 1. OLHANDO PARA A VIDA

Iniciar a conversa perguntando como viveram a semana, que fatos foram importantes, o que aconteceu de bom.

Questionar: como viveram o compromisso que assumiram?

## 2. ORAÇÃO INICIAL

*Acende-se a vela...*

Motivar a iniciar o encontro em nome da Trindade Santa: o Pai e o Filho e o Espírito Santo.

Convidar o grupo para um momento de silêncio, pedindo ao Senhor a graça de fazer um bom encontro.

Orientar que todos acendam a sua vela na que está acesa no espaço do encontro, ficando em pé, e juntos cantar.

**Canto**: *A nós descei divina luz, a nós descei divina luz.*
*Em nossas almas acendei o amor, o amor de Jesus.* (2x)

## 3. ESCUTANDO A PALAVRA

Proclamar o texto bíblico de Deuteronômio 30,11-14.

Reler o texto (apagar a vela que tem na mão).

Orientar que pensem sobre as questões propostas em seus livros e anotem suas respostas.

**a)** O que diz o texto bíblico? Qual é o assunto?

**b)** Quem fala e para quem?

### Compreendendo a Palavra

*Muitas vezes, ouvimos dizer: "A Bíblia é muito difícil de entender. É um livro muito difícil, é só para quem tem muito estudo". O texto desse encontro diz que o mandamento que o Senhor nos prescreve não é difícil, nem está fora do nosso alcance. Segundo o texto bíblico, "A Palavra está muito perto de ti, em tua boca e em teu coração para que a possas viver e praticar" (cf. Dt 30,14). Ela tem a revelação de Deus. É preciso abrir o coração, colocando-nos numa atitude de oração, escuta, acolhida, ação de graças, louvor, perdão e súplica. A Palavra de Deus não é uma doutrina de difícil acesso ou algo para ser decorado. A Palavra de Deus é o próprio Deus querendo se comunicar conosco como um Pai que nos ama muito. A Bíblia é importante pelo seu ensinamento, mas seu valor e sua importância estão no próprio Deus, na sua pessoa e na sua bondade e seu amor para conosco, na experiência de um Deus que se revela em Jesus.*

### Para aprofundar e refletir

A palavra de Deus chega até nós, a cada pessoa, de muitas maneiras. Ela nos torna parceiros da aliança com Deus sempre que a escutamos e respondemos a ela. Toda pessoa é destinatária da Palavra, é chamada a dar uma resposta livre e a entrar nesse diálogo de amor com Deus. É imprescindível que aprendamos a ler, meditar, rezar e viver a Palavra de Deus. Por isso, a importância de seguir um método que nos ajude não só a ler, mas a fazer com que a Palavra seja força e sustento para a nossa vida cotidiana.

> Ler e meditar:
> ✓ O que dizem os números 22,23 e 24 da Exortação Apostólica *Verbum Domini*: sobre a Palavra de Deus na vida e na missão da Igreja.
> ✓ O número 21 da Constituição Dogmática *Dei Verbum*: sobre a Revelação Divina.

## 4. MEDITANDO A PALAVRA

Convidar os catequizandos a pensarem sobre:

- ✓ O que a Palavra pede para você fazer?
- ✓ Qual ensinamento te dá?
- ✓ Como as pessoas escutam hoje a Palavra de Deus e como a vivem?
- ✓ Somos pessoas atentas à Palavra de Deus?

## 5. REZANDO COM A PALAVRA

Pedir que façam, silenciosamente, a oração que a Palavra os inspira a dizer a Deus.

Orientar a rezarem o Salmo 119,33-39. A cada estrofe, peça que repitam juntos: *quanto eu amo a tua Palavra, Senhor!*

Explicar que no fim do salmo deverão reacender as velas, erguendo-as, e, próximos à mesa da Palavra, encerrar este momento cantando.

## 6. VIVENDO A PALAVRA

Incentivar a assumir o compromisso procurando responder à pergunta:

- ✓ O que a Palavra que hoje ouvimos e meditamos nos pede para viver?

**LEMBRETE**

> ✓ Orientar que cada um, durante a semana, procure ler alguns pequenos textos da Bíblia para partilhar no próximo encontro sobre o que leu e comentar como e de que forma os textos o inspiram.

## 9º ENCONTRO

# DEUS AMA TUDO O QUE ELE CRIOU

*Sentido do encontro*

Deus preparou o mundo como uma casa para que cada um de seus filhos tivesse o seu lugar, pudesse usufruir de suas obras e ser feliz. A cada um, atribuiu a responsabilidade de cuidar de toda a sua criação.

*Objetivo*

Reconhecer que Deus criou tudo do nada, e que tudo é bom.

*Ambientação*

Sobre um tecido da cor do tempo litúrgico, colocar: vela e vasilhas transparentes com água e com terra, lixo reciclável, ou comum e flores. Um cartaz com a frase: "*Deus viu que tudo era bom!*"

*Acolhida*

Acolher os catequizandos com alegria e motivando-os a vivenciar o encontro.

## 1. OLHANDO PARA A VIDA

Perguntar: como vivemos os compromissos assumidos no encontro anterior? Quem leu a Bíblia? O que tem a dizer sobre os textos lidos e meditados, como inspiraram seus dias?

Mencionar que nesse encontro falaremos sobre tudo o que Deus criou especialmente o universo. Questionar: o que sabem sobre isto? O mundo criado por Deus está como no início da criação? Olhando para a ambientação de nosso encontro, o que vemos?

Solicitar que observem a ambientação do encontro e conversar.

## 2. ORAÇÃO INICIAL

*Acende-se a vela...*

Preparar um canto para iniciar este momento. Criar um clima propício para desenvolver o tema do encontro e iniciar com o sinal da cruz, dizendo para lembrarem de pessoas queridas que, assim como os catequizandos, foram criadas por Deus. Pedir que pensem e rezem por elas.

## 3. ESCUTANDO A PALAVRA

Proclamar o texto bíblico de Gênesis 1,1-25.

Solicitar que leiam novamente o texto em duplas.

Orientar que pensem e anotem as respostas às questões e depois partilhem com o grupo.

- **a)** O que Deus criou e como o criou?
- **b)** O que chamou sua atenção?
- **c)** O que Deus disse a cada coisa criada?

### Compreendendo a Palavra

*"No princípio, Deus criou o céu e a terra" (Gn 1,1-25). A criação do mundo não é um fenômeno puramente natural, mas é obra de Deus. Só entendemos a mensagem da Bíblia por meio da nossa fé. O Gênesis deve ser entendido não como uma história comum, mas como uma história que primeiro foi vivida pelo povo de Deus e só depois foi escrita. O povo de Israel foi escrevendo as tradições antigas que eram contadas oralmente de geração em geração. A criação do mundo é uma das expressões do grande amor de Deus para com a humanidade, nos deu um mundo organizado, belo, limpo, com tudo o que é necessário para viver bem e com dignidade. A pessoa humana também criada por Deus e colocada neste universo tem a missão de cuidar, de amar, de cultivar esta beleza que Deus nos deu. A narrativa da criação aponta para a realidade de que existe um único Deus vivo e criador, ela é toda marcada pelo selo de Deus: a cada elemento criado, Deus disse "que era bom, muito bom", expressão esta que nos convida a fazer tudo o que está ao nosso alcance para que a criação continue sendo muito boa e que não permitamos que a obra de Deus seja estragada, prejudicada.*

### Para aprofundar e refletir

O Papa Francisco, na Carta encíclica *Laudato Si'*, faz um apelo sobre ser urgente unir toda humanidade na busca de um desenvolvimento sustentável e integral, na construção da nossa casa comum, o nosso planeta. Nessa carta, faz um especial agradecimento àqueles que lutam com vigor para garantir a proteção da casa que partilhamos, o mundo, tendo em vista que os jovens, as novas gerações, contam com um futuro em que todos poderão usufruir do meio ambiente, construindo um mundo melhor para todos (cf. LS, n. 13).

Ler e meditar os números 13, 14, 23 e 68 da Carta encíclica *Laudato Si'*.

## 4. MEDITANDO A PALAVRA

Solicitar aos catequizandos que respondam às questões e compartilhem com o grupo:
- ✓ Ao ler Gênesis 1,1-25, qual ensinamento podemos tirar do texto?
- ✓ Como temos cuidado da natureza que Deus criou?
- ✓ O mundo, a natureza que temos hoje, está conforme Deus criou? Por quê?
- ✓ O que tem de errado? Como nós cuidamos das coisas que Deus criou?

Comentar que a Bíblia nos ensina a ver o amor de Deus por nós nas coisas que existem, portanto, devemos valorizar tudo o que é bom.

## 5. REZANDO COM A PALAVRA

Convidar a olhar os elementos da ambientação do encontro e questionar:
- ✓ O que eles nos falam? O que ensinam? O que eles nos fazem dizer a Deus?

Comentar: olhando o mundo criado por Deus, vamos rezar juntos o Salmo 8.

Explicar: São Francisco é patrono da ecologia, chama todos os elementos da natureza, todas as criaturas, de irmão e irmã. Depois, apresentar a letra do *Cântico das criaturas* e leia com os catequizandos. Por fim, convidar a cantar finalizando este momento orante.

Preparar a letra do canto *Cântico das criaturas* (Zé Vicente) ou pedir que pesquisem na internet.

## 6. VIVENDO A PALAVRA

Conversar sobre: nosso compromisso desta semana será procurar destinar corretamente o lixo produzido em nossa casa, praticando a coleta seletiva, e cuidar da beleza e limpeza dos espaços que nós ocupamos (em casa, na rua, na escola).

## 10º ENCONTRO

# SOMOS FILHOS AMADOS DE DEUS, FEITOS À SUA IMAGEM E SEMELHANÇA

*Sentido do encontro*

O homem não nasce por acaso, Deus criou o homem e a mulher à sua imagem e semelhança. Precisamos entender que somos "criaturas de Deus". Portanto precisamos vivenciar e testemunhar o projeto de amor de Deus.

*Objetivo*

Reconhecer que fomos feitos com amor, por amor e para o amor.

*Ambientação*

Bíblia, vela, fotos de pessoas de diversas idades, em diferentes situações: trabalhando, estudando, na família. Colocar as fotos dentro de um grande coração que representará o amor de Deus pelo ser humano. Providenciar massinha de modelar.

*Acolhida*

Acolher com alegria cada catequizando e desejar um bom encontro.

## 1. OLHANDO PARA A VIDA

Questionar: como vivemos os compromissos assumidos no encontro anterior?

Comentar: no encontro passado, conversamos sobre a criação do mundo. Hoje vamos falar sobre o homem e a mulher criados para cuidar desse mundo.

Ajudar o grupo a observar o lugar da ambientação e conversar sobre o que observam.

## 2. ORAÇÃO INICIAL

*Acende-se a vela em silêncio...*

Convidar para que, diante da luz de Jesus, de mãos estendidas, agradeçam a Deus por nos ter criado, feitos semelhantes a Ele, por nos ter feito à sua imagem e por confiar a nós o cuidado do mundo e das pessoas.

Motivar a realizar o sinal da cruz e a pedir a luz de Deus para acolherem os ensinamentos do encontro.

**Canto**: *Sim, eu quero* (Pe. José Weber).

## 3. ESCUTANDO A PALAVRA

Proclamar os textos bíblicos de Gênesis 2,18-25 e Gênesis 1,26-31.

Orientar a lerem novamente em silêncio.

Conversar com os catequizandos sobre:

- **a)** Palavras, frases, verbos dos textos que chamaram a atenção.
- **b)** Por que o ser humano criado à imagem e semelhança de Deus, é diferente das demais criaturas?

Orientar os catequizandos a registrarem em seus livros palavras, frases, verbos que lhes chamaram a atenção no texto e depois convidá-los a compartilhar com o grupo.

Comentar que, após reler o texto, entendemos que o ser humano, embora criado à imagem e semelhança de Deus, é diferente das demais criaturas. Peça que respondam o porquê dessa diferença em seus livros.

Ajudar o grupo a perceber que somos filhos de Deus e, por isso, devemos fazer sempre o bem para agradar o Pai que nos criou. Para tanto, somos livres para escolher entre fazer o bem ou o mal.

### *Compreendendo a Palavra*

*"Deus criou o homem à sua imagem, à imagem de Deus Ele o criou, homem e mulher Ele os criou" (Gn 1, 27). Todo este mundo que vemos, a Terra e tudo o que ela contém, são coisas dadas por Deus como um pai dá presentes para seus filhos. Entretanto, o presente maior que Deus dá é o seu amor a cada pessoa. A maior felicidade para nós é gostar de Deus, gostar do projeto que Ele oferece para a nossa felicidade, é viver como seus filhos e irmãos de todas as pessoas, procurando o bem. "Acreditamos que o mundo procede da vontade livre de Deus, que quis fazer criaturas participantes do seu Ser, da sua sabedoria e da sua bondade" (ClgC, n. 295).*

*"A criação tem sua bondade e sua perfeição próprias, mas não saiu completamente acabada das mãos do Criador. Ela é criada 'em estado de caminhada'*

*('in statu viae')* para uma perfeição última a ser atingida, para a qual Deus a destinou. Chamamos de divina providência as disposições pelas quais Deus conduz sua criação para esta perfeição" (ClgC, n. 302).

> *Para aprofundar e refletir*
>
> Ao contemplar a história da criação, o Catecismo da Igreja Católica descreve que na mesma revelação do mistério de Deus Pai e de seu amor, Cristo Redentor e Salvador manifesta o homem ao próprio homem, que por sua vez lhe descobre a sua a vocação. Em Cristo, imagem do Deus invisível, resplandece a imagem do homem criado à imagem e semelhança do Criador. Em virtude dessa imagem divina ter sido deformada no homem por causa do primeiro pecado, ela foi restaurada em sua beleza original pela Graça do Senhor, está presente em cada pessoa que busca a perfeição na prática do amor e do bem para alcançar a bem-aventurança eterna.
>
> Ler e meditar:
> - Os números 1701-1704, do Catecismo da Igreja Católica.
> - O número 9 da Exortação apostólica pós-sinodal *Verbum Domini*: sobre a Palavra de Deus na vida e na missão da Igreja, de Bento XVI.
> - Os textos bíblicos: Cl 1,15; Gn1, 27.

## 4. MEDITANDO A PALAVRA

Questionar:

- Ao ler Gn 2,18-25 e Gn 1, 26-31, como entendemos o amor de Deus por nós?

Pedir que relacionem as diferenças entre os dois relatos bíblicos que narram o mesmo fato.

Orientar que transcrevam o versículo que narra como o ser humano foi criado.

Motivar a usar a massinha de modelar para construir bonequinhos que representem o homem e a mulher. Enquanto estiverem modelando, mencionar o cuidado com cada detalhe, o mesmo que Deus teve ao criar homem e mulher. O respeito que precisamos ter com as pessoas por Ele criadas e por nós mesmos.

## 5. REZANDO COM A PALAVRA

Incentivar a pensar: pelo fato de sermos criados à imagem e semelhança de Deus, que oração suscita em nós? De perdão, de agradecimento, de louvor...? Depois pedir que, em silêncio, cada um escreva a sua oração e a partilhe com o grupo.

Encerrar este momento rezando ou cantando com os catequizandos o Salmo 138 (139), que revela como Deus cuida e protege cada um de seus filhos.

## 6. VIVENDO A PALAVRA

Orientar que durante a semana, em casa, pensem e escrevam atitudes que devemos ter em relação ao nosso corpo, em relação aos cuidados com a vida de nosso irmão e irmã criados à imagem e semelhança de Deus.

Solicitar que conversem com os familiares sobre atitudes de respeito que se deve ter com as pessoas que são imagem de Deus.

## 11º ENCONTRO

# QUEBRA DA ALIANÇA

*Sentido do encontro*

Deus criou o ser humano para ser livre e para a felicidade. O desejo de poder, o orgulho e a vontade de se igualar a Deus fizeram com que o homem rompesse a aliança feita com Ele. Não querendo depender de Deus, afastou-se, fechou-se em si mesmo e caiu em pecado. A consequência dessa opção foi tornar-se triste, sentir medo e querer esconder-se de Deus.

*Objetivo*

Compreender a importância de ouvir a voz de Deus para distinguir o bem e o mal.

*Ambientação*

Bíblia, velas, ilustrações ou fotos com cenas que demonstrem atitudes de violência, pessoas na prisão, pessoas passando fome, entre outras, e também algumas que retratem aspectos da realidade dos catequizandos.

*Acolhida*

Expresse a alegria pelo retorno do grupo acolhendo cada um e desejando um bom encontro.

## 1. OLHANDO PARA A VIDA

Convidar a partilhar as atitudes que escreveram durante a semana com relação ao cuidado com o corpo, com a vida dos irmãos e irmãs.

## 2. ORAÇÃO INICIAL

*Acende-se a vela...*

Preparar um refrão para ajudar os catequizandos a focarem no encontro e no que viverão a partir deste momento.

Convidar para iniciar com o sinal da cruz e fazer a oração pessoal, pedindo perdão por nossa desobediência e nosso egoísmo.

**Canto**: *Mesmo que eu não queira* (Pe. Zezinho) ou à escolha.

## 3. ESCUTANDO A PALAVRA

Proclamar o texto bíblico de Gênesis 3,1-13.

Solicitar que um catequizando faça uma segunda leitura do texto.

Orientar os catequizandos a refletirem e anotarem em seus livros as respostas às seguintes questões:

- **a)** O que lemos no texto? Qual o fato acontecido?
- **a)** Quais são as personagens que aparecem no texto?

### Compreendendo a Palavra

*"O Senhor Deus chamou o homem: "Onde está você?" (Gn 3,9).*

> *A Bíblia mostra reiteradamente que "[...] quando Deus criou o mundo com sua Palavra, expressou satisfação, dizendo que era 'bom'" (Gn 1,21), e quando criou o ser humano, homem e mulher, disse que "era muito bom" (Gn 1,31). O mundo criado por Deus é belo. Procedemos de um desígnio divino de sabedoria e amor. No entanto, por meio do pecado, a beleza originária foi desonrada e a bondade ferida (DAp, n. 27).*

*O começo do pecado e da queda do homem foi uma mentira do tentador que fez o homem e a mulher, criados à imagem e semelhança de Deus, duvidarem da Palavra de Deus, da sua benevolência e fidelidade (cf. ClgC, n. 215).*

*"Por trás da opção de desobediência de nossos primeiros pais, há uma voz sedutora que se opõe a Deus e que, por inveja, os faz cair na morte. A Escritura e a Tradição da Igreja veem nesse ser um anjo destronado, chamado Satanás ou Diabo. A Igreja ensina que ele tinha sido anteriormente um anjo bom, criado por Deus" ( ClgC, n. 391). Ele se tornou mau por sua própria iniciativa.*

*É preciso deixar bem claro para o catequizando que, mesmo depois da queda, o homem não foi abandonado por Deus. Nós fomos privilegiados por sermos tratados e considerados como a obra-prima de Deus, o centro da atenção generosa e amorosa de Deus Pai. Como temos respondido a essa responsabilidade diante da criação e na transformação do mundo por Deus criado?*

### Para aprofundar e refletir

O mal e o pecado nos afastam de Deus e das pessoas, causando discórdias e desamor. Com a desobediência a Deus, o homem e a mulher perderam a alegria e a harmonia em que viviam. Impelido pelo maligno e ferido em sua natureza pelo pecado original, o homem está inclinado ao erro e ao mal no exercício de sua liberdade. Por ser dotado de razão, o ser humano tem a capacidade de conhecer e ouvir a voz de Deus, que o convida a fazer o bem e a evitar o mal. Porém, na sua consciência, ainda conserva a mancha do pecado original, o que o torna completamente impotente com relação à sua própria salvação e com uma inclinação que não resiste ao erro e à prática do mal (cf. CIgC, n. 1706-1708). Pela sua Paixão, Cristo livrou-nos do pecado e mereceu-nos a vida nova no Espírito Santo.

O Batismo, ao conferir a vida da graça de Cristo, apaga o pecado original e reorienta o homem para Deus, mas as consequências para a natureza enfraquecida e inclinada para o mal persiste no homem e convidam-no ao combate espiritual. (cf. CIgC, n. 405).

> Ler e meditar:
> ✓ O número 402 do Catecismo da Igreja Católica.
> ✓ O número 13 da Constituição Pastoral *Gaudium et Spes*.
> ✓ Os textos bíblicos: Ef. Ef 2,1-8; Rm 5,12-13; 5,19; Gl 3,22.

## 4. MEDITANDO A PALAVRA

Motivar a reflexão a partir das questões:

- ✓ O que cada um aprendeu com a Palavra?
- ✓ Quando rompemos a Aliança com Deus?
- ✓ Nos dias atuais, ainda temos atitudes que desagradam a Deus e rompem a Aliança com Ele? Quais são? E o que devemos fazer diante disso?

Organizar com o grupo uma encenação do texto e depois solicitar que registrem o que foi aprendido com esse momento.

## 5. REZANDO COM A PALAVRA

Comentar que Deus sempre nos ama, mas que o ser humano, quando guiado por seus interesses e egoísmo, afasta-se de seu amor. Convidar a pensar sobre:

- ✓ O que fazemos que nos afasta de Deus?

Após ouvir os comentários, incentivá-los a pedir perdão a Deus, a fim de que Ele renove seu amor conosco. A cada pedido de perdão, todos podem cantar: *Piedade, piedade, piedade de nós*.

Poderá finalizar este momento com o canto: *Mesmo que eu não queira* (Pe. Zezinho).

## 6. VIVENDO A PALAVRA

Orientar que façam em casa uma relação de atitudes que os afastam de Deus. Depois de olhar o que relacionou, escrever atitudes que precisa ter para criar proximidade com Deus.

## 12º ENCONTRO

# DEUS RENOVA SUA ALIANÇA DE AMOR

*Sentido do encontro*

A autossuficiência chega ao máximo da pretensão: o homem começa a considerar-se um deus ou semideus, projetando uma super-humanidade independente do projeto original de Deus. Vendo sua criação, obra-prima desfigurada, Javé decide exterminá-la. Tudo perdido? Não. A história vai continuar por meio de Noé, um homem reconhecido como justo. É possível observar que os fatos narrados na Bíblia giram em torno da Aliança de Deus com os homens. Todas as vezes que a Aliança de amor entre o povo e Deus é quebrada, Deus sempre a renova. Todas as vezes que a Aliança é quebrada, foi o homem que tomou a iniciativa de quebrá-la. Como sempre, Deus usou e usa de intermediários para fazer ou restaurar a Aliança com seu povo e conduzi-lo. A Aliança, portanto, não era só com uma pessoa escolhida, mas com todo o povo.

*Objetivo*

Reconhecer que Deus deseja a nossa adesão ao seu projeto como colaboradores na construção de um mundo mais justo e humano.

*Ambientação*

Vela e Bíblia sobre um tecido. Colocar ilustrações e/ou fotos de pessoas reunidas em família, em celebrações e festas. Confeccionar elos com tiras de papel, alguns soltos e outros ligados entre si, representando uma corrente.

*Acolhida*

Neste primeiro momento do encontro, é importante abrir espaço para uma conversa sobre a vida, fatos e situações vividas na semana, partilhar a vida.

## 1. OLHANDO PARA A VIDA

Relembrar os compromissos assumidos no encontro anterior.

Recordar a lista de atitudes que os afastam de Deus e atitudes para evitar esse afastamento, verificando quais conseguiram praticar durante a semana.

Conversar sobre: como as pessoas hoje conseguem retomar os laços de amizade, de unidade, rompidos pelas ofensas? As pessoas sabem perdoar e pedir perdão?

## 2. ORAÇÃO INICIAL

*Acende-se a vela...*

Motivar a repetir o refrão: *Indo e vindo, trevas e luz, tudo é graça, Deus nos conduz.*

Convidar os catequizandos a traçarem o sinal da cruz e fazerem orações espontâneas, ressaltando a necessidade de exercitar a obediência e a aceitação do projeto de amor de Deus.

**Canto**: *Amar como Jesus amou* (Pe. Zezinho) ou à escolha.

Comentar: hoje, em nosso encontro, vamos refletir sobre a bondade de Deus, que refaz a Aliança que o homem rompeu com o pecado. Deus se serve de Noé, pessoa de bem, justa, fiel a Ele, para restabelecer uma Aliança com a humanidade. Neste encontro, vamos compreender que Deus criou limites para que haja ordem na criação. Porém, o ser humano com frequência, desobedece aos limites, criando o caos, desrespeitando a integridade do mundo criado por Deus.

**Canto**: *Pela Palavra de Deus* (Frei Luiz Turra).

## 3. ESCUTANDO A PALAVRA

Proclamar o texto bíblico de Gênesis 6,5-8.7,1-5.

Orientar a relerem o texto fazendo paradas nas palavras que chamarem a atenção dos catequizandos.

Solicitar que pensem e anotem em seus livros as respostas às perguntas:

- **a)** O que diz o texto? O que Deus diz diante da realidade que encontra?
- **b)** O que motivou Deus a pensar em romper a Aliança que havia feito?
- **c)** O ser humano entristece Deus a ponto de Ele querer destruir sua criação. Por que não o fez?

### *Compreendendo a Palavra*

*Entendemos que, mesmo existindo entre nós a morte e o sofrimento, existe a certeza de que Deus conduz a história da humanidade, sempre buscando o melhor. Temos a missão de testemunhar e de sempre construir coisas novas que mostrem a todas as pessoas que é possível libertar o mundo do pecado e da morte. Nossa missão é a de transformar a realidade de morte, defendendo e cultivando a vida. Conforme superamos o pecado e construímos situações de mais vida para todos, a libertação vai acontecendo, e vamos preparando a história humana para o momento em que Deus a transformará. Deus, diante de Noé, homem justo, desiste de destruir a Terra e toda a criação. Nós também, se voltarmos arrependidos para o Pai que está no céu e em nossos corações, se pedirmos perdão, seremos perdoados, pois Deus nos ama com amor infinito. Deus Pai nos ama e recebe com carinho todo aquele que se afastou d'Ele e volta arrependido à prática da justiça e do amor.*

## *Para aprofundar e refletir*

O Papa Francisco falou, em uma de suas catequeses, que o amor de Deus pela humanidade é o fundamento da esperança da humanidade. Ele comparou o amor de Deus ao amor de uma mãe e assinalou que é um amor gratuito e incondicional. A forma como Deus manifesta seu amor por nós acontece pelo ato de amor de Jesus, que entregou sua vida para nos reconciliarmos com Deus e alcançarmos a salvação.

Ler e meditar:
- ✓ O texto bíblico: Rm 5,1-21.
- ✓ O texto da Audiência Geral de 14 de Junho de 2017: a Catequese do Papa Francisco sobre a certeza do amor de Deus, disponível na internet.

## 4. MEDITANDO A PALAVRA

Encaminhar a reflexão a partir das perguntas:
- ✓ Ao ler Gênesis 6,5-8.7,1-5, o que mais chamou atenção? Por quê?
- ✓ Quem toma a iniciativa de renovar a Aliança rompida? Como isso acontece?
- ✓ Quando ofendemos alguém, como nos reconciliamos?
- ✓ Noé, escolhido por Deus, era um homem justo. Você conhece pessoas justas? O que fazem? Como podemos ser justos?

Usando tiras de papel, convidar cada catequizando a construir elos, unindo-os aos dos amigos. Após formarem a corrente de elos, pedir que observem o que construíram e explorar a importância de valorizar a força que encontramos na união, destacando a grandiosidade de estarmos unidos a Deus e as consequências de se afastar d'Ele.

## 5. REZANDO COM A PALAVRA

Conversar com o grupo sobre o que cada um deseja dizer a Deus, que oração querem dizer inspirados na Palavra e o que dela aprenderam. Pedir que façam silêncio e escrevam sua prece de agradecimento e louvor a Deus por seu amor pelas pessoas.

Depois, cada um deverá dizê-la e a cada prece, todos dizem juntos: *Nós vos louvamos, Senhor Deus*.

Concluir este momento rezando juntos o Salmo 43: *Fazei-me justiça, ó Deus*.

## 6. VIVENDO A PALAVRA

Orientar que, em casa, conversem com os pais e familiares sobre o valor da Aliança e partilhem o que cada um entendeu do encontro sobre o texto de Gn 6,5-8.

- ✓ Informar aos catequizandos o dia e horário da celebração de acolhida no catecumenato, pedindo que convidem seus familiares e padrinhos.
- ✓ Preparar os catequizandos para a celebração de acolhida no catecumenato. Ensaiar as respostas do rito.

## CELEBRAÇÃO DE ACOLHIDA NO CATECUMENATO

- ✓ *Preparar esta celebração.*
- ✓ *Prever que inicie fora da Igreja, por isso organizar uma boa acolhida das famílias, em procissão de entrada.*
- ✓ *Motivar a comunidade a acompanhar o rito inicial voltando-se para a porta da igreja.*

**Canto**: à escolha.

### 1. ACOLHIDA

*Presidente da celebração:* Com muita alegria, estamos celebrando a entrada destes catequizandos no segundo tempo do caminho de Iniciação à Vida Cristã, o catecumenato. É um momento de ação de graças, para nós. Após um tempo ouvindo o anúncio de Jesus, agora eles vêm pedir para fazer parte desta comunidade e percorrer o caminho de aprofundamento na vida cristã, conhecendo melhor e amando mais intensamente a Jesus Cristo. Onde estão os catequizandos que manifestarão hoje esse desejo?

> Se o número for grande, a resposta poderá ser coletiva.
> Se forem poucos, poderá chamar cada um pelo nome.

*Catequista:* Pedimos que ergam a mão direita aqueles que estão dispostos a abraçar a fé e fazer o caminho da Iniciação à Vida Cristã.

> Catequizandos erguem a mão direita.

### 2. DIÁLOGO

*Presidente da celebração:* Catequizandos, o que pedem à Igreja de Deus?

*Catequizandos/catecúmenos:* A fé.

*Presidente da celebração:* E essa fé, o que lhes dará?

*Catequizandos/catecúmenos:* A graça de Cristo e a alegria de viver em comunidade.

*Presidente da celebração:* Neste início da caminhada, já perceberam que Jesus ama a todas as pessoas e deseja que sejamos irmãos e irmãs uns dos outros. Por isso, agora eu pergunto a vocês: querem continuar neste caminho de conhecimento do projeto de Jesus Cristo?

*Catequizandos/catecúmenos:* Sim, eu quero.

*Presidente da celebração:* Vocês descobriram que Jesus chama a cada um e a cada uma pelo seu próprio nome. Vocês querem segui-lo e escutar tudo o que Ele diz?

*Catequizandos/catecúmenos:* Sim, eu quero.

*Presidente da celebração:* Vocês, pais, mães e introdutores que nos apresentam hoje estes catequizandos, estão dispostos a ajudá-los a encontrar e seguir o Cristo?

**Família:** Estou.

*Presidente da celebração:* E todos vocês, irmãos e irmãs de nossa comunidade, estão dispostos a serem colaboradores na educação da fé de cada um destes catequizandos?

**Todos:** Estou.

*Presidente da celebração:* Oremos. Pai de Bondade, nós vos agradecemos por estes vossos filhos e filhas que, de muitos modos, inspirastes e atraístes. Eles vos procuraram e responderam, na presença desta santa assembleia, ao chamado que hoje lhes dirigistes. Por isso, Senhor Deus, nós vos louvamos e bendizemos.

**Todos:** Bendito seja Deus para sempre.

*Presidente da celebração:* Por manifestarem o desejo de aprofundar a fé cristã, entrem na igreja para participar conosco desta comunidade de fé.

## 3. ENTRADA NA IGREJA

Abrem-se as portas da igreja. Procissão de entrada com a cruz processional, catequizandos, pais e ou introdutores e a equipe de celebração.

**Canto:** à escolha.

## 4. ASSINALAÇÃO DA FRONTE E DOS SENTIDOS

*Presidente da celebração:* Queridos catequizandos, Cristo chamou vocês para que o conheçam e tornem-se seus amigos. Lembrem-se sempre d'Ele e procurem ser fiéis aos seus ensinamentos. Vocês serão marcados com o sinal da cruz de Cristo, que é o sinal do cristão. De agora em diante, esse sinal vai lembrá-los do grande amor de Cristo por vocês.

O presidente da celebração pronuncia a bênção, e os pais ou introdutores assinalam os catequizandos.

*Assinala a fronte:* Receba, na fronte, o sinal da cruz. Viva com a certeza de que Cristo o/a protege. Que seus pensamentos sempre se voltem para Ele.

**Todos:** Amém.

*Assinala os olhos:* Receba, nos olhos, o sinal da cruz, para contemplar as maravilhas de Deus em sua vida. Que seu olhar se volte sempre para Ele.

**Todos:** Amém.

*Assinala a boca:* Receba, na boca, o sinal da cruz, para que você anuncie a Palavra de Deus. Que seu falar seja anúncio da mensagem de salvação.

**Todos:** Amém.

*Assinala os ouvidos:* Receba, nos ouvidos, o sinal da cruz, para que você sempre escute a voz do Senhor que direciona o seu caminho.

**Todos:** Amém.

*Assinala o peito:* Receba, no peito, o sinal da cruz, para que Cristo habite pela fé em seu coração. Que as dificuldades da vida não sejam motivo de desânimo para viver como discípulo missionário.

**Todos:** Amém.

Oremos. Deus Todo-Poderoso, que pela cruz e Ressurreição de vosso Filho destes a vida ao vosso povo, concedei aos catequizandos, marcados com o sinal da cruz, que sejam guiados e fortalecidos neste caminho de Iniciação à Vida Cristã. Por Cristo, nosso Senhor.

**Todos:** Amém.

## 5. SEGUE O RITO DA MISSA

Em nome do Pai...
Ato Penitencial
Liturgia da Palavra
Liturgia Eucarística

## 6. PREPARAÇÃO DOS DONS

Na preparação da mesa do altar, pode-se motivar os catequizandos, os pais e os introdutores a participarem da procissão, mesmo que não tenham trazido oferta em dinheiro, pois é momento de ofertar sua vida e sua disposição em seguir o caminho de Iniciação à Vida Cristã. Que essa participação seja marcada com um gesto de toque no altar ou no cesto das ofertas.

## 7. DEPOIS DA ORAÇÃO, APÓS A COMUNHÃO

*Presidente da celebração:* Hoje, vocês, catequizandos, foram acolhidos numa nova etapa do caminho de Iniciação à Vida Cristã. Para seguirem esse caminho com firmeza, foram assinalados com o sinal da cruz. Ela será o sinal que lembra de estar no caminho com Jesus, por isso, a mesma cruz que vos introduziu no início desta celebração, vos conduzirá agora para que, ao sairmos deste encontro, vos acompanhe na continuidade do processo catecumenal.

Sai à frente a cruz processional e segue a procissão dos catequizandos, com seus pais e ou introdutores, até o fundo da igreja, onde aguardam a bênção final.

# 2° TEMPO

## *Catecumenato*

## 13º ENCONTRO

# JESUS É ANUNCIADO E ESPERADO

*Sentido do encontro*

No Advento, somos convidados a nos preparar para a chegada de Jesus em nosso meio.
Entre tantas adversidades, o profeta Isaías alimenta a esperança de dias melhores.

*Objetivo*

Compreender e vivenciar melhor o tempo do Advento como preparação ao Natal.

*Ambientação*

Bíblia, coroa do Advento, velas, mel.

*Acolhida*

Acolher com alegria cada um dos catequizandos. Neste primeiro momento do encontro, é importante abrir espaço para uma conversa sobre a vida, fatos e situações vividas na semana, partilhar a vida.

## 1. OLHANDO PARA A VIDA

Conversar sobre a celebração da entrada no catecumenato: o que sentiram, se consideraram importante e por quê.

Comentar que, a partir deste encontro, inicia-se uma série de outros encontros sobre o tempo do Advento. Questionar se já ouviram falar de Advento e o que sabem sobre esse assunto.

## 2. ORAÇÃO INICIAL

*Acende-se uma vela da coroa do Advento...*

Orientar que iniciem fazendo o sinal da cruz. Depois, pedir para olharem os símbolos que estão no ambiente e fazerem um instante de silêncio, dizendo na sequência preces espontâneas, agradecendo por estarem juntos novamente.

Encerrar este momento motivando o grupo a cantar.

**Canto**: *É como a chuva que lava* (Pe. Zezinho).

## 3. ESCUTANDO A PALAVRA

Proclamar o texto bíblico de Isaías 7,14-17.

Solicitar que releiam o texto.

Orientar a pensarem e anotarem as respostas para partilhar com o grupo:

- a) Qual é o sinal que está sendo mencionado no texto?
- b) Qual é o nome da criança? E qual o significado desse nome?
- c) O que ela vai comer? Por quê?

### Compreendendo a Palavra

*O texto nos coloca numa conversa com o profeta Isaías. Talvez tenha sido o que melhor formulou a esperança de um Salvador: "O Senhor vos enviará um sinal: eis que a jovem conceberá e dará à luz um filho e SERÁ CHAMADO DE EMANUEL" (7,14). Na época em que o texto foi escrito, a população vivia um tempo difícil, pois estava sob o domínio de um rei que não olhava as suas necessidades. O rei Acaz fazia-os sofrer com as guerras e queria impedir a religião do povo. Deus lhe disse: "Tu estás cansando Deus e o povo" (cf. Is 7,13). Assim, quer apontar outro tipo de líder que será bom para todos. Ele se chamará Emanuel: Deus conosco. Esse líder prometido, depois, no Novo testamento, será reconhecido como Jesus.*

*Outros profetas e sábios também mantiveram essa expectativa messiânica: Miquéias (4,14), Ezequiel (34,23), Ageu (2,23), Salmos (89,30-38; 132,1-12) etc. O Novo Testamento (Mt 1,22-23; Lc 2,30-32; At 2,30 etc.) aplicará a Cristo as profecias messiânicas. A meditação dos profetas que encontramos, com frequência, nas leituras das missas, alimenta a nossa esperança, e fazemos, à luz da fé, toda a caminhada de um povo à procura de justiça e paz.*

### Para aprofundar e refletir

O Advento nos indica o essencial da vida: encontrar Cristo nos irmãos. As Escrituras já mostravam que o Messias, enviado de Deus, nasceria de uma virgem: "Portanto o mesmo Senhor vos dará um sinal: Eis que a virgem conceberá, e dará à luz um filho" (Isaías 7,14). Esse foi um dos sinais que Deus havia dado por meio de Isaías. O profeta Isaías é conhecido como um dos "profetas messiânicos", ou seja, um dos profetas que anunciaram a vinda do Messias. Por uma tradição muito antiga, foram escolhidos os textos do profeta Isaías para as leituras durante o Advento, porque se vê nele o tema da esperança.

O Advento, além de ser um tempo forte de preparação para a segunda vinda do Senhor no fim dos tempos (escatológica) e na encarnação, isto é a primeira vinda, o nascimento, aponta ainda para a missionariedade da Igreja, que é chamada, a todo tempo, a anunciar a vinda do Reino de Deus. O Papa Bento XVI, em seu livro Jesus de Nazaré (RATZINGER 2007), retomando a compreensão de Orígenes, diz que: "o próprio Cristo é o Reino de Deus". Celebramos no Advento o "já" e o "ainda não" da Salvação. Contemplamos o Cristo que já se fez carne no meio de nós e o esperamos em sua segunda vinda gloriosa e definitiva. Por isso, a vivência dessas semanas deve ser marcada por uma jubilosa expectativa, vigilância pela oração, esperança e conversão.

Ler e meditar o texto de Yone Buyst: "Advento venha a nós o vosso Reino", que encontra-se nas páginas 53-55 do livro *Liturgia em mutirão I*: subsídios para a formação. Brasília: Edições CNBB, 2017.

## 4. MEDITANDO A PALAVRA

Explorar com os catequizandos o entendimento do texto a partir das questões:
- ✓ O que você entendeu deste texto?
- ✓ O que a Palavra de Isaías diz para nós hoje?
- ✓ De que modo podemos vivenciar melhor o tempo do Advento?

## 5. REZANDO COM A PALAVRA

Orientar os catequizandos a escreverem uma oração sobre o que querem dizer a Deus, pedir ou agradecer. Após escreverem, convide-os a rezá-las, dizendo juntos, após cada oração: *Senhor, escutai a nossa prece.*

Convidar os catequizandos a olharem para o mel que trouxe para o encontro e dizer: *Temos à nossa frente o mel. Alimento doce produzido pela abelha. Conforme lemos no texto bíblico, a criança que irá nascer vai comer mel até que aprenda a rejeitar o mal e escolher o bem. Vamos nós também experimentar este mel, para que possamos ser na vida e no mundo a doçura de Deus e fazermos sempre o bem.*

Incentivar cada um a experimentar o mel, lembrando de cuidar se há no grupo alguém que não pode consumi-lo.

Concluir este momento com a oração do Pai-nosso.

**Canto**: *Vem, Senhor Jesus, o mundo precisa de Ti.* (bis)

## 6. VIVENDO A PALAVRA

Orientar que, ao longo da semana, conversem em casa e com os colegas na escola sobre o que é o Advento e como podemos esperar a vinda do Senhor.

## 14º ENCONTRO

# MARIA: A JOVEM DE NAZARÉ

### *Sentido do encontro*

Neste encontro, vamos refletir sobre o grande amor de Deus pela humanidade. Deus quis enviar seu Filho ao mundo para assumir a nossa natureza. Ele escolheu uma jovem humilde, chamada Maria, da pequena cidade de Nazaré, para ser a mãe do seu Filho Jesus. Consciente de que, para Deus, nada é impossível, Maria se autodefine como "a serva do Senhor", a obediente aos planos de Deus, aquela que deseja apenas o cumprimento da Palavra. Abriu seu coração, e de seus lábios brotou a resposta definitiva: "Faça-se em mim segundo a tua Palavra"! (Lc 1,38b).

### *Objetivo*

Reconhecer Maria como a fiel colaboradora no projeto de salvação de Deus para a humanidade.

### *Ambientação*

Colocar a Bíblia em destaque e, ao lado, a coroa do Advento com as quatro velas, imagem de Nossa Senhora e flores.

### *Acolhida*

Neste primeiro momento do encontro, é importante motivar o grupo para uma conversa sobre a vida, fatos e situações vividas na semana, partilhar a vida.

## 1. OLHANDO PARA A VIDA

Iniciar o encontro conversando com os catequizandos sobre a semana que passou e a participação na missa.

Questionar: como viveram o compromisso assumido no encontro anterior? Como as pessoas de sua família e de outros lugares acolheram o que você compartilhou sobre o Advento?

## 2. ORAÇÃO INICIAL

*Acende-se a vela da coroa do Advento...*

Escolher um refrão para ajudar os catequizandos a se prepararem para melhor participar do encontro.

Convidar a fazer o sinal da cruz e depois comentar: Maria, embora não compreendendo tudo, não teve medo de dizer sim a Deus e assumiu sua missão, dando-nos um grande exemplo de fé e de obediência.

Motivar a rezarem juntos: *Senhor, ajuda-me a perceber o teu chamado. Como Maria, que eu possa dizer: eis-me aqui, Senhor, faça-se em mim segundo a tua Palavra.*

**Canto**: *Palavra Santa do Senhor* (Letra: Balduino Meurer).

## 3. ESCUTANDO A PALAVRA

Conduzir um momento de silêncio e a ficarem em pé para ouvir a Palavra.

Proclamar o Evangelho segundo São Lucas 1,26-38.

Pedir que cada um, em silêncio, leia e releia o texto, mais de uma vez, prestando atenção às palavras.

Orientar a pensarem e anotarem para depois compartilhar com o grupo as respostas sobre as questões:

a) Para quem é dirigida a mensagem trazida pelo anjo?
b) Quem enviou o anjo a Maria? O que diz a mensagem?

### Compreendendo a Palavra

O anúncio do anjo a Maria, narrado em Lucas, não só prepara a vinda do Messias, mas também mostra a vocação de Maria e sua resposta generosa a Deus. A saudação do enviado de Deus a Maria "Alegra-te, cheia de graça" é um convite para participar da alegria de um novo tempo que tem início com o nascimento de Jesus. Maria recebe um tratamento especial que nenhuma outra pessoa recebeu na Bíblia: "cheia de graça ou agraciada". Ela foi a mulher na qual se manifestou "a glória da graça com a qual o Pai nos agraciou por meio do Filho amado" (Ef 1,6). Na linguagem bíblica, graça é atitude benévola, gratuita, encantadora de Deus com relação aos seres humanos. A seguir, o evangelista apresenta uma promessa vinda da parte de Deus: "O Senhor estará contigo". Isso significa que Maria não estará sozinha, o Senhor lhe dará forças para realizar o que Ele pede. Ao ouvir essas palavras, Maria perturbou-se diante do inesperado de sua vocação, não se envaideceu, calou-se, julgando-se indigna e perguntou ao anjo: "Como acontecerá isso, se eu não conheço homem algum"? (Lc 1,34). Diante do diálogo com o mensageiro, entendeu porque fora a escolhida por Deus. Não somente ouviu, mas escutou a Palavra e acolheu-a no silêncio de seu coração. O anjo Gabriel a animou, pedindo que não temesse, porque Deus a escolhera como agraciada com a maternidade messiânica, realizada pela obra do Espírito

*Santo. Essa entrega total de Maria a Deus é sinal de profunda fé. Significa arriscar e se jogar nas mãos do Senhor com confiança. A atitude e o sim de Maria são o ponto alto de sua vocação, manifestam a vontade de cumprir prontamente o que Deus lhe pede: trazer ao mundo o Salvador. Quando Deus escolheu e chamou Maria para desempenhar as sublimes funções de mãe de Jesus segundo a carne, não pensou somente na maternidade, mas viu em Maria a mulher que acolheu o grande Dom de Deus para o mundo na pessoa de Jesus.*

### Para aprofundar e refletir

Maria nos traz a natureza humana daquele que deveria ser o nosso Salvador. Antes de gerar o Filho no ventre, Maria o gera também por meio do Espírito. O sim de Maria não se deu do nada, foi a partir de um diálogo profundo, pois, ao dizer o seu sim, ela acolhe esse Menino como sendo o mediador entre Deus e o homem. Podemos perceber isso no documento de Aparecida, que nos diz: "No rosto de Maria encontra-se a ternura e o amor de Deus" (cf. DAp, n. 265). O que nos mostra essa mulher ao dizer o sim, revela-nos o rosto amoroso, a meiguice de Deus pela humanidade. O despojamento de Maria se dá pelo fato de ela não se apropriar do Filho, compreendendo ao longo da sua caminhada que o Filho precisará cumprir a missão para a qual foi enviado. O que Maria nos ensina em sua caminhada é a escuta atenta da palavra do Filho. O guardar com solicitude no coração seus ensinamentos. O que vai se tornando claro na vida de Maria é que sua maternidade será doação plena para a humanidade. O doar-se vai nos ensinar que a missão de todos se concretiza na entrega total. Vamos perceber isso de modo mais transparente na entrega de Cristo na cruz e com o presente que o Filho nos dará para mostrar que somos uma Igreja, que não somos órfãos, temos na maternidade de Maria essa Mãe doada por Jesus a todos nós. Grande ensinamento nos mostra essa atitude de despojamento de Maria e o modo como acompanha toda a vida terrena de seu Filho. Da encarnação à Ressurreição, a presença materna da Mãe que acompanha o Filho.

Ler e meditar:
✓ Evangelho de João 19, 25-27.
✓ Catecismo da Igreja Católica, números 148-149.
✓ Carta Encíclica *Redemptores Mater*: sobre a mãe do Redentor, número 39.

## 4. MEDITANDO A PALAVRA

Orientar a meditarem e conversarem a partir das questões:
✓ Qual é o ensinamento que o texto nos dá?
✓ O que significa a expressão do anjo a Maria: "Ave cheia de graça, o Senhor está contigo"?

- ✓ Qual é a condição que Deus coloca para que não tenhamos medo?
- ✓ Como responder sim a Deus diante dos desafios de hoje? Maria podia ter dito não ao anúncio do anjo?
- ✓ O que acontece quando não respondemos sim ao projeto de Deus?

## 5. REZANDO COM A PALAVRA

Motivar a após terem lido e meditado a Palavra, conversarem com Deus, escrevendo uma oração a partir da reflexão sobre o texto. Depois cada um, em silêncio, deve rezar pausadamente a oração que escreveu.

Finalizar este momento pedindo para que todos, em pé e de mãos dadas, próximos à imagem de Nossa Senhora, rezem juntos a Consagração a Nossa Senhora.

**Canto**: *Uma entre todas foi a escolhida* ou outro à escolha.

## 6. VIVENDO A PALAVRA

Orientar que se organizem, junto à família, para rezar durante a semana, todos os dias, um Pai-nosso e dez Ave-Marias.

Pedir que cada um registre essa experiência de oração em família para partilhar com os colegas no próximo encontro de catequese.

- ✓ Apresentar imagens de pessoas que se colocaram a serviço de outras;
- ✓ Levar imagens ou alguns elementos (areia, pedra, grama...) para montarem juntos um presépio.

## 15º ENCONTRO

# MARIA E ISABEL: DUAS MÃES, DOIS ENCONTROS

### Sentido do encontro

Neste encontro, refletiremos sobre Maria e Isabel, duas mulheres: uma idosa, outra jovem; uma estéril, outra pronta para a fecundidade. Ambas tinham algo a partilhar e a acolher. O encontro de duas mulheres e duas crianças, João e Jesus. Maria e Isabel compreenderam que o que acontecia com elas era obra de Deus. Aprenderam a viver o cuidado uma pela outra. Ambas, grávidas de personagens que marcaram a história da salvação.

### Objetivo

Compreender a importância de acolher e partilhar o dom de Deus na vida de cada um.

### Ambientação

Coroa do Advento, feita com ramos verdes e as quatro velas, e tecido de cor rósea. No centro da sala, colocar o miolo de uma flor, onde devem estar escritos os nomes MARIA e ISABEL, e deixar preparados papéis recortados em forma de pétalas, um para cada catequizando. Colocar também imagens de mulheres grávidas.

### Acolhida

Neste primeiro momento do encontro, é importante motivar o grupo para uma conversa sobre a vida, fatos e situações vividas na semana, partilhar a vida.

## 1. OLHANDO PARA A VIDA

Retomar os compromissos do encontro anterior, acolhendo as alegrias vividas e ajudando-os a identificar possíveis soluções diante das experiências que possam não ter sido bem-sucedidas. Alertar que é preciso perseverar para criar o hábito da oração.

Solicitar que cada um apresente as imagens e o material que trouxe para o presépio.

## 2. ORAÇÃO INICIAL

Comentar: já estamos nos aproximando do Natal, que bom estarmos juntos para a nossa preparação. Queremos acolher Jesus, que vem morar no meio de nós. Expressemos, no gesto de apertar a mão do colega, nossa alegria pelo encontro de irmãos e irmãs. Preparando-nos para a chegada de Jesus, cantando: *Senhor, vem nos salvar!* Durante este momento, acender a vela da coroa do Advento.

Ao término do canto convidar a fazerem o sinal da cruz e rezarem juntos:

*Catequista:* O anjo do Senhor anunciou à Maria.

**Todos:** E ela concebeu do Espírito Santo – Ave Maria...

*Catequista:* Eis aqui a serva do Senhor.

**Todos:** Faça-se mim conforme a sua Palavra – Ave Maria...

*Catequista:* E o Verbo se fez carne.

**Todos:** E habitou entre nós – Ave Maria... Glória ao Pai e ao Filho e ao Espírito Santo...

Finalizar este momento com o canto: *Maria, Mãe dos caminhantes* (Pe. Geraldo Pennock), ou outro conhecido.

Orientar a montagem do presépio, explicando: antes de continuar nosso encontro, vamos iniciar a montagem do presépio com o material que cada um trouxe.

Escolher com o grupo o local para a montagem do presépio. Colocar os primeiros itens necessários para começar o presépio: areia, pedra, grama e outros. Destacar que ele será complementado em outros encontros.

## 3. ESCUTANDO A PALAVRA

Proclamar o Evangelho segundo São Lucas 1,39-56.

Orientar a relerem o texto em forma de diálogo: um menino faz o narrador, e duas meninas representam Maria e Isabel. Em seguida, solicitar que cada um leia o texto em silêncio, mais uma vez, prestando bem atenção na história que é contada.

Incentivar a contarem a história com as próprias palavras. Para isso, poderá ajudar o grupo com as seguintes perguntas:
- ✓ Onde Maria morava? Onde morava Isabel?
- ✓ O que aconteceu com a chegada de Maria à casa de Isabel?

Poderá apresentar aos catequizandos a seguinte informação: *entre Nazaré da Galileia, onde morava Maria, e a região montanhosa, onde se localiza a cidade de Ain Karim, na Judeia, onde morava Isabel, são mais ou menos 150 km.*

Solicitar que pensem e anotem o que chamou a atenção de cada um de modo especial e depois compartilhem identificando as semelhanças e diferenças encontradas por cada um.

## Compreendendo a Palavra

*Maria se coloca a caminho da casa de Isabel, sua prima. Faz isso movida pela caridade fraterna. Entendeu que, assim como Deus estava presente nela, estaria também, de maneira extraordinária, na vida de sua prima Isabel. Maria, menina jovem, grávida de Jesus, sentiu-se chamada a ajudar sua prima Isabel, já em idade avançada, esperando João Batista. Isabel certamente precisava de cuidados especiais. Após uma longa viagem, de mais de cem quilômetros, as duas mulheres se encontram. Porém não só elas, encontram-se também os frutos da bondade e do amor de Deus. Maria estava com poucos dias de gestação, mas, mesmo assim, o seu filho foi percebido por Isabel e pelo não nascido João Batista. Deus pôs seu olhar sobre aquela humilde jovem de Nazaré, fazendo grandes coisas em seu favor. Deus exalta sua humildade de tal modo que todas as gerações a chamariam de Bem-Aventurada. Maria canta ao Senhor: Ele realizou nela grandes coisas! Com esse canto, ela mostra que conhece toda a história da salvação. Maria conhece o sofrimento, as angústias e as esperanças do seu povo. Tem o coração voltado para Deus, mas tem os pés na vida sofrida do povo. Ela nos pede para que também estejamos atentos àquilo que acontece de bom e difícil na luta diária das pessoas. Maria e Isabel geram a vida de duas crianças que farão um grande bem à humanidade: João Batista, o Precursor; e Jesus, o Salvador.*

## Para aprofundar e refletir

No Evangelho de Lucas 1,39, temos a narrativa do encontro de Maria com sua prima Isabel. Deste encontro podemos tirar grande lições, que nos ajudarão a compreender a importância do papel de Maria para a Igreja. Vamos olhar o aspecto maternal de Maria, mulher que educa e que acolhe. Mulher disponível para o serviço e mulher acolhedora. A mulher que caminha e que nos ensina a ir ao encontro do outro. A Igreja nos mostra como deve ser o nosso papel no seguimento a Jesus Cristo. Maria é a mulher de grandes ensinamentos para a o discipulado. Ela tem grande cuidado com a Igreja nascente, ao se preocupar com que os discípulos não se extraviem do caminho primordial. Maria é a mãe sempre atenta no exercício do cuidado. O cristão nunca se sentirá órfão na Igreja, pois o seu próprio Filho a deixou como nossa Mãe, para cuidar de seus filhos dispersos pelo mundo.

Ler e meditar o número 12 da Carta encíclica de João Paulo II *Redemptoris Mater*: sobre a mãe do Redentor. São Paulo: Paulinas 1987.

## 4. MEDITANDO A PALAVRA

Orientar este momento a partir das questões:
- ✓ O que a Palavra diz para cada um de nós?
- ✓ O que aprendemos com esse texto bíblico?

Incentivar os catequizandos a dizer palavras ou frases do cântico de Maria que mais chamaram a atenção.

Questionar:
- ✓ Como vemos, hoje, a realidade da vida do nosso povo?
- ✓ Por que muitas crianças morrem antes de nascer ou, quando nascem, morrem depois por falta de condições de vida digna?
- ✓ Conhecemos situações e fatos semelhantes?

Realizar a seguinte atividade:
- ✓ Distribuir as pétalas de flor, preparadas para esse encontro.
- ✓ Pedir para, em duplas, conversarem e cada um deverá escrever na pétala que recebeu uma atitude boa que o cristão deve cultivar para ser parecido com Maria.
- ✓ Apresentar a pétala com a palavra, dizendo por que a escolheu.
- ✓ Cada dupla colocará as pétalas junto ao miolo, formando uma flor.

## 5. REZANDO COM A PALAVRA

Solicitar que cada um medite em silêncio e descubra: o que a Palavra me faz dizer a Deus hoje?

Orientar que façam em silêncio a sua oração, conversando com Deus.

Explicar que como Maria cantou as maravilhas do Senhor, também irão rezar agradecendo a Deus pelas maravilhas que Ele realiza em nós. Convidar para rezar juntos, em dois coros, o hino que Maria cantou no encontro com Isabel (Lucas 1,46-55).

Finalizar o momento com um canto: *O Senhor fez em mim maravilhas* (Música: J. Gelineau) ou outro à escolha.

## 6. VIVENDO A PALAVRA

Em família, contar a visita de Maria a Isabel e rezar juntos, antes de irem dormir, o hino que Maria cantou: Lucas 1,46-55.

Pedir a alguém da família para escrever uma mensagem para o seu grupo.

Esclarecer: nesta semana, cada um de nós convida os pais ou responsáveis para fazerem juntos uma visita a alguém que precisa de ajuda ou atenção: doentes, idosos, crianças carentes ou de orfanatos.

Pedir aos catequizandos para trazerem no próximo encontro:
- ✓ Alguma peça de roupa ou objeto necessário para completar o presépio.
- ✓ 1 kg de alimento para doação às pessoas necessitadas da comunidade.
- ✓ A mensagem preparada pela família.

## 16º ENCONTRO

# PREPARAI O CAMINHO

### *Sentido do encontro*

João Batista batizava e pregava a vinda do Senhor. "Eu vos batizo com água, mas eis que vem outro mais poderoso do que eu, a quem não sou digno de lhe desatar a correia das sandálias; ele vos batizará com o Espírito Santo e com o fogo" (Lc 3,16b). Neste encontro, vamos escutar e rezar sobre os apelos que João Batista nos faz neste tempo de preparação para o Natal do Senhor Jesus. João aponta para Jesus, ele é o maior, Ele deve aparecer, João é apenas o precursor.

### *Objetivo*

Aprofundar o sentindo do Advento.

### *Ambientação*

Bíblia, vasilha com água, Coroa do Advento, preparar um caminho com pedras, espinhos e a seguinte frase: "Preparai os caminhos do Senhor".

### *Acolhida*

Neste primeiro momento do encontro, é importante motivar o grupo para uma conversa sobre a vida, fatos e situações vividas na semana, partilhar a vida.

### 1. OLHANDO PARA A VIDA

Conversar sobre como viveram os compromissos do encontro anterior.

Solicitar aos catequizandos que comentem como eles e suas famílias estão preparando a casa para o Natal, para receber Jesus.

Questionar: andando pelas ruas, pelos shoppings, o que vemos sobre a chegada de Jesus?

## 2. ORAÇÃO INICIAL

*Acender duas velas da coroa do Advento...*

Convidar a cantarem o refrão: *Senhor, vem salvar teu povo* (Pe. José Weber).

Motivar a fazerem o sinal da cruz e convidar os catequizandos a dizerem juntos: *Senhor Jesus, preparai os nossos corações para entendermos o que vamos partilhar neste encontro. Que a nossa fé seja fortalecida hoje e sempre. Amém.*

## 3. ESCUTANDO A PALAVRA

Proclamar o Evangelho segundo São Lucas 3,3-16.

Orientar a relerem o texto e depois pensarem e anotarem as respostas às seguintes questões:

a) Quais são as personagens? Que imagens aparecem no texto?
b) O que mais chamou a atenção no texto?

### Compreendendo a Palavra

João Batista, o último dos profetas, pregava um Batismo de conversão enquanto percorria o vale do Rio Jordão, orientando o povo a mudar de vida, a partilhar, a não praticar a violência. Muitos o ouviram e foram se batizar com ele. Porém, ele deixa claro que aquele que virá depois batizará com o Espírito Santo e com fogo (cf. Lc 3,16). João Batista foi o precursor. Também ele foi profeta, "e mais do que profeta", como disse Jesus (Mt 11,9). Ele veio preparar o caminho do Senhor e foi capaz de reconhecer a presença do Messias entre nós. Por isso, o encontro com João Batista nos aproxima cada vez mais da presença de Jesus. João Batista faz a ligação entre o Antigo e o Novo Testamento, e leva-nos à escola da conversão, da mudança de vida, para acolher o Reino do Cristo-Messias.

### Para aprofundar e refletir

O tempo do Advento é marcado por forte tempo de espera. É o desejo da espera da vinda do nosso Senhor, por isso, rezamos com toda a Igreja o *Maranathá*, vem, Senhor. Essa vinda é marcada fortemente pela espera, mas uma espera ativa. Não é ficar de braços cruzados. É o tempo em que vou me preparar à semelhança de alguém que se prepara para uma festa de casamento. Não vai esperar para o dia do casamento para essa preparação. Há todo um caminho a ser percorrido antes. Mas estamos vivendo numa época em que não damos o devido valor a esse tempo tão fundamental da liturgia. Essa preparação deve estar recheada de alegria. Alegria porque temos a certeza da vinda do nosso amado, que vem nos trazer toda a alegria da sua salvação. Para que tudo isso aconteça, o nosso coração e nosso interior devem estar aquecidos para o acolhimento.

Ler e meditar o texto de Pe. Marcelo Rezende Guimarães "Advento, tempo de espera", que encontra-se nas páginas 50-51 do livro *Liturgia em mutirão*: subsídios para a formação. Brasília: Edições CNBB, 2017.

## 4. MEDITANDO A PALAVRA

Ajudar os catequizandos a relacionarem o texto com a realidade, com o tema do encontro. Para isso, mencionar que têm à sua frente, no ambiente do encontro, um caminho com pedras e espinhos. Solicitar que o observem e pensem a partir das seguintes questões:

- ✓ Em nossa vida, passamos por caminhos com pedras e espinhos. O que são pedras e espinhos no caminho da vida?
- ✓ Quais os caminhos que precisamos endireitar na nossa vida, no mundo?

Solicitar que, pensando sobre o texto bíblico, respondam:

- ✓ O que a Palavra de Deus que hoje ouvimos diz para nós?

Pedir que se imaginem perguntando a João Batista o que devem fazer e que resposta ele pode dar a cada um. Depois questione-os:

- ✓ Do que precisamos nos converter, mudar como pessoas, sociedade, família?

## 5. REZANDO COM A PALAVRA

Perguntar: o que a Palavra nos faz dizer a Deus? Que oração sentimos que devemos fazer hoje?

Motivar os catequizandos a escreverem suas orações e espontaneamente partilhar com o grupo. Convidar para olharem o símbolo da água, recordando que João pregava um Batismo de conversão, e comentar que ele pediu para nivelar os vales, perceber os caminhos esburacados, endireitar os caminhos tortuosos. Pensemos então o que devemos mudar em nossa vida para nos prepararmos bem para o Natal do Senhor. Motive-os a se aproximarem da água que lava e purifica e tocá-la, pedindo ao Senhor que nos converta, que perdoe nossas falhas, nossos erros, enquanto traçam sobre si o sinal da cruz.

Encerrar este momento rezando juntos a oração:

*Senhor Deus, que possamos ser obedientes e perseverantes para cumprirmos nossa missão como batizados. Que busquemos sempre seguir os ensinamentos do Evangelho. Que jamais nos desviemos do caminho da fé, do amor e da partilha. Amém.*

## 6. VIVENDO A PALAVRA

Convidar os catequizandos a se perguntarem: como profeta, João Batista foi obediente a Deus. Como você pode ser obediente no dia a dia? Escolha algumas atitudes para praticar.

Incentivar a assumir como compromisso, para que durante a semana, juntamente aos familiares, procurem em seus bairros, grupos da Novena de Natal e participem deles.

✓ Marcar a data e o horário da celebração penitencial e prepará-la com antecedência. Essa celebração não precisa ser com o padre, pode ser com o diácono ou o coordenador da catequese.

## CELEBRAÇÃO DA RECONCILIAÇÃO
## PARA O TEMPO DO ADVENTO EM PREPARAÇÃO AO NATAL

- ✓ *Esta celebração pode ser realizada com os catequizandos, motivando-os a melhor se prepararem para o Natal do Senhor.*
- ✓ *É importante criar um ambiente bem organizado, em círculo, com os símbolos, e fazer uma acolhida calorosa.*
- ✓ *Preparar a celebração e distribuir os diferentes serviços e ministérios*
- ✓ *Se achar oportuno, pode ser pensado e preparado um momento de confraternização após a celebração.*

### *Ambientação*

Um caminho com pedras, espinhos, areia e galhos secos, a Bíblia e a coroa do Advento com as quatro velas acesas.

**Canto de Advento:** à escolha.

*Catequistas e/ou ministro:* Queridos catequizandos, estamos vivendo o tempo do Advento, tempo que nos prepara para celebrar o mistério da vinda do Senhor Jesus. Jesus vem a nós na simplicidade de uma criança e para nos trazer salvação, a vida, a paz e alegria. Somos convidados a preparar nosso coração, a nossa vida, para acolher Jesus, que vem e nos quer encontrar preparados.

**Canto**: à escolha.

## 1. OLHAR A VIDA

*Catequista:* Advento, preparação ao Natal; já é hora de despertar do sono, a nossa salvação está agora mais perto. Jesus está chegando e nos convida a rejeitar a tudo o que não é de Deus e caminharmos na luz, vigilantes para não tropeçarmos no mal. Como estamos nós neste caminho de preparação ao Natal? O que ainda precisamos e podemos fazer?

**Canto de aclamação**: à escolha.

Proclamar o Evangelho segundo São Lucas 3,3-5.

*Catequista e/ou ministro:* Como no tempo de João Batista, a vinda do Senhor é para nós tempo de conversão, de mudar de vida, de atitudes para receber a salvação que Ele nos traz.

- ✓ O que lemos no Evangelho hoje? Qual o convite que, por meio de João, Jesus nos faz?

Convidar cada um para, em silêncio, pensar e refletir sobre estas perguntas:
- ✓ Como podemos preparar melhor o nosso Natal?
- ✓ Olhemos no centro da nossa sala: o que vemos? Pedras, espinhos, galhos secos.
- ✓ Quais são as pedras e os espinhos que estão em nós e não nos deixam estarmos livres e prontos para receber Jesus neste Natal?
- ✓ Quais são os espinhos, as pedras os galhos secos que estão dentro de nós e que nos impedem de receber Jesus?
- ✓ Estamos dispostos a tirar esses galhos secos e as pedras que estão dentro de nós ou ao nosso redor para que Jesus possa morar em nosso coração, em nossas famílias, em nosso grupo e na nossa comunidade? Isso é algo fácil ou difícil de realizar? Por quê?

Após um tempo de silêncio, motivar a partilha das respostas e fazer a oração:

*Senhor, tende piedade de nós!* (todos repetem)
*Cristo, tende piedade de nós!* (todos repetem)
*Senhor, tende piedade de nós!* (todos repetem)

*Catequista:* Vamos todos nos abraçar, desejar a paz e todo o bem a cada colega na preparação para o Natal do Senhor.

## 2. PRECES

*Catequista:* O que queremos dizer a Deus? Vamos fazer nossos pedidos, nossas súplicas a Deus, preparando-nos melhor para este Natal. A cada pedido, respondemos: *Vem, Senhor Jesus, com tua luz.*

> Motivar para preces espontâneas ou preparadas previamente.

Vamos rezar juntos, com a Bíblia, o Salmo 84.

> Uma outra opção para este momento é o catequista dizer as estrofes e o grupo responder: *Mostrai-nos, ó Senhor, vossa bondade e dai-nos a vossa salvação.*

*Catequista e/ ou ministro:* Rezemos juntos a Oração do Senhor: *Pai nosso...*

*Catequista e/ ou ministro:* Concluímos esta celebração rezando:

> Ó Deus, amigo das pessoas e de toda a humanidade, pelos profetas anunciastes ao mundo a vinda do teu Filho Jesus Cristo. Ajuda-nos a perceber os sinais de tua vinda em nossa história. Conforme a tua promessa, esperamos ver plenamente manifestações daquele que veio e sempre virá para criar um mundo novo reconciliado, um novo céu e uma nova Terra. Por Cristo, nosso Senhor. Amém.

**17º ENCONTRO**

# JESUS, O ENVIADO DO PAI, VEIO MORAR NO MEIO DE NÓS

## *Sentido do encontro*

Na oração do *Angelus*, rezamos: "E o Verbo se fez carne e habitou entre nós". (Jo 1,14). Jesus é o Filho de Deus, o Messias esperado, que veio para nos mostrar o caminho para chegar a Deus. Ele se fez homem, um igual a nós, menos no pecado (Hb 4,15). Ele nasceu pobre, no meio dos pobres, e os primeiros a visitá-lo foram os pastores de Belém, pessoas pobres e marginalizadas.

## *Objetivo*

Identificar que o menino Deus é um presente para a humanidade.

## *Ambientação*

Vela, Bíblia em lugar de destaque, a imagem do menino Jesus, a coroa do Advento, material para concluir o presépio.

## *Acolhida*

Neste primeiro momento do encontro, é importante motivar o grupo para uma conversa sobre a vida, fatos e situações vividas na semana, partilhar a vida.

## 1. OLHANDO PARA A VIDA

Fazer memória dos compromissos assumidos no encontro anterior, perguntando como foram vivenciados.

Promover um momento de conversa sobre:
- ✓ Como você percebe que as pessoas estão se preparando para o Natal?
- ✓ O que você identifica que está sendo realizado em preparação ao Natal, na comunidade? Você e sua família estão participando?

## 2. ORAÇÃO INICIAL

*Acender as velas da coroa do Advento...*

Convidar para iniciarem este momento com o canto: *Natal é vida que nasce* (José Acácio Santana).

Após o canto, explicar que irá rezar uma frase por vez, e o grupo as repetirá.

> *Jesus, estamos felizes enquanto aguardamos a tua vinda no meio de nós. /*
> *Tu és o presente de Deus para nós. /*
> *Tu és o Messias esperado que vem trazer a paz e a luz para o mundo. /*
> *Queremos nos preparar bem para te acolher com alegria. Amém.*

Comentar: hoje, em nosso encontro, queremos antecipar a alegria do Natal do Senhor, acolhendo Jesus, o enviado do Pai que se fez criança e veio morar no meio de nós. Fiquemos alguns instantes em silêncio.

Solicitar que olhem para o presépio e a pensem como foi o nascimento de Jesus. Pensar em Maria, sua mãe, em José e no menino Jesus. Motivara em silêncio, *falarem* com Jesus.

## 3. ESCUTANDO A PALAVRA

Proclamar o Evangelho segundo São Lucas 2,1-20.

Solicitar que, em silêncio, releiam o texto.

Após a releitura, pedir que pensem e anotem em seus livros as respostas às questões:

- **a)** Quais são as personagens? O que cada uma faz?
- **b)** Qual o motivo pelo qual José e Maria foram de Nazaré a Belém?
- **c)** Como e onde foi o nascimento de Jesus?
- **d)** Quem estava lá?
- **e)** Qual das partes você mais gostou?

Convidar os catequizandos a partilhar o que escreveram, retomando o texto.

### Compreendendo a Palavra

*O Natal nos faz viver e celebrar o jeito de Deus se fazer presente no meio de nós. É o mistério da presença de Deus na humanidade. É importante conhecer alguns aspectos centrais do nascimento de Jesus. O motivo que levou José e Maria a viajar para Belém foi o recenseamento decretado pelo imperador de Roma (Lc 2,1-7). Periodicamente, as autoridades romanas decretavam tais recenseamentos nas várias regiões do seu imenso império. Era para recadastrar a população e saber quanto cada pessoa devia pagar de imposto. É interessante perceber como e onde nasceu João Batista e como e onde nasce Jesus. João nasce em casa, na sua terra, em meio a parentes e vizinhos, e é acolhido por todos (Lc 1,57-58). Jesus nasce desconhecido, fora de sua terra, no meio dos pobres, fora do ambiente da família e da vizinhança, porque os pais estavam cumprindo a ordem, a lei do imperador. "Não havia lugar para ele na hospedaria", teve de ser deitado numa manjedoura. Quem primeiro acolhe Jesus são os pastores, pessoas marginalizadas e pouco apreciadas. Eles viviam com os animais, separados do convívio humano. Ninguém jamais os convidava para visitar um recém-nascido. É a esses pastores que aparece o anjo do Senhor para transmitir a grande notícia do nascimento de Jesus. Os anjos logo dizem: "Não tenham medo!" e anunciam a grande alegria: "Hoje! Nasceu para vós o Salvador, Cristo e Senhor!" (Lc 2,11). SALVADOR é aquele que liberta todos de tudo que os amarra! No meio disso tudo, diz o Evangelho que Maria "guardava todas estas coisas e as meditava no silêncio do seu coração" (Lc 2,19). Ninguém consegue compreender o significado do Natal se não der lugar para Jesus em seu coração.*

## Para aprofundar e refletir

Uma boa preparação no Advento nos leva a viver o Natal com uma intensidade profunda, pois compreendemos que o Filho de Deus deixou a sua majestade para assumir a nossa condição humana. É o amor de Deus que chega ao extremo. Natal é momento de celebrar a vida doada em favor de todos. O coração humano, muitas vezes insensível, fechado, não será capaz de cantar *Noite Feliz...*, às vezes pelo fato de sua preocupação estar voltada à preparação da ceia, a quem convidar, e por isso esquece de convidar o aniversariante do dia. Natal é momento de reconhecer na pobreza a entrega incondicional de Deus. Muitas vezes nos preocupamos com qual roupa vamos vestir, o que vamos comer na noite santa, e nos deparamos com um coração vazio desse amor. Queremos um mundo de paz e de fraternidade, mas não nos preparamos para sermos esse sinal. Nos convida o Papa Francisco a entender que "O dom precioso do Natal é a paz. Cristo é a nossa paz verdadeira. Cristo bate à porta dos nossos corações para nos conceder a paz, a paz da alma. Abramos as portas a Cristo!" (cf. FRANCISCO, 2014).

Ler e meditar:
✓ Os textos do Evangelho de Lucas 1,57-58 e 2,1-7.
✓ A homilia do Papa Francisco, proferida no Natal de 2013.

## 4. MEDITANDO A PALAVRA

Convidar o grupo a refletir sobre as seguintes perguntas:
✓ O que a TV mais fala sobre o Natal?

✓ Como você define a importância de Jesus no Natal e a importância do Papai Noel?
✓ Quem, para você, pode ser considerado mais importante na vida do cristão?
✓ O que precisa ser destacado: o presépio ou a árvore de Natal? Por quê?

Se for oportuno, pode-se preparar uma encenação do texto bíblico.

Convidar os catequizandos a complementarem a montagem do presépio.

## 5. REZANDO COM A PALAVRA

Motivar os catequizandos a pensarem o que a reflexão sobre o nascimento de Jesus os faz dizer a Deus.

Pedir que escrevam suas preces e depois as partilhem com o grupo. Oriente para que, após cada prece, repitam: *Jesus, vem! Nascer em nosso coração.*

Pegar a imagem do Menino Jesus e passar aos catequizandos de mão em mão, para que cada um faça uma reverência, uma inclinação expressando um gesto de acolhida e humildade. Durante este momento, pode-se entoar um canto natalino.

Para concluir este momento orante convidar para que os catequizandos rezem, dizendo juntos:

> *Jesus menino, és nossa alegria e nossa esperança. Obrigado por teres nascido no meio de nós, tão simples e tão humilde. Obrigado por seres para nós um presente de Deus Pai que nos ama e nos quer bem. Ajuda-nos a viver este Natal na alegria, na solidariedade com os pobres e com os tristes. Que tua vinda renove em nós o desejo de viver. Pedimos-te que nos ensine a termos um coração grande para amar e acolher cada criança do mundo inteiro. Amém.*

## 6. VIVENDO A PALAVRA

Orientar que leiam, em casa, com a família, o texto bíblico do encontro e conversem sobre o que nos ensina.

Orientar que procurem saber sobre alguma criança pobre recém-nascida e a visitem como se visitassem Jesus, doando para ela alguma coisa pessoal que desejem partilhar com ela.

Motivar a se organizarem com a família para participar (onde estiverem) da celebração da noite ou do dia de Natal.

✓ Se possível, organizar um encontro de oração em preparação para o Natal e conclusão do primeiro semestre de catequese.
✓ Reunir todos os grupos do primeiro tempo para uma confraternização, juntamente aos pais e/ou responsáveis.

## 18º ENCONTRO

# VAMOS A BELÉM, PARA VER O QUE ACONTECEU

### Sentido do encontro

A Palavra de Deus não é apenas um som, uma palavra, mas é acontecimento. Os pastores dizem: "Vamos ver esta palavra que aconteceu, e que o Senhor nos deu a conhecer" (Lc 2,15b). O sinal era: "encontrareis um recém-nascido envolto em faixas e deitado numa manjedoura" (Lc 2,12).

### Objetivo

Reconhecer que Jesus, desde o início de sua vida, se identifica com os pobres.

### Ambientação

Bíblia, vela, imagens do presépio: manjedoura, Menino Jesus, José e Maria.

### Acolhida

Neste primeiro momento do encontro, é importante motivar o grupo para uma conversa sobre a vida, fatos e situações vividas na semana, partilhar a vida.

## 1. OLHANDO PARA A VIDA

Motivar a recordarem o último encontro, a partir das perguntas:
- ✓ Qual foi o fato da Bíblia que rezamos e meditamos?
- ✓ Qual o compromisso que assumimos e como conseguimos viver?

Comentar: hoje, daremos continuidade ao encontro anterior sobre onde e como nasceu Jesus. Por isso, vamos conversar:
- ✓ O que sabem sobre o próprio nascimento (onde nasceram, como foi...)?
- ✓ Como hoje as famílias preparam o nascimento de seus filhos?
- ✓ Há, ainda hoje, crianças que não têm um lugar digno para nascer?

## 2. ORAÇÃO INICIAL

*Acende-se a vela...*

Cantar um refrão sobre o nascimento de Jesus, para ajudar os catequizandos a entrarem no clima do encontro.

Convidar para em silêncio, traçarem o sinal da cruz, olharem para os símbolos apresentados no encontro e cada um fazerem sua oração pessoal a Deus.

Motivara, de mãos dadas, rezarem juntos o Pai-nosso.

## 3. ESCUTANDO A PALAVRA

Proclamar o Evangelho segundo São Lucas 2,12-20.

Reler o texto com o grupo, fazendo pausas em cada versículo.

Solicitar que cada um leia novamente o texto, em silêncio, e anote:

- **a** A frase ou palavra que mais chamou sua atenção.
- **b** Quais são as personagens do texto?
- **c** O que cada uma faz?
- **d** Qual foi a atitude dos pastores?
- **e** Qual foi o sinal que orientou o caminho dos pastores?

### Compreendendo a Palavra

*Uma multidão de anjos aparece, desce do céu e vem sobre a Terra. O seu canto resume o que Deus quer com seu projeto de vida e de amor para a humanidade. "Glória a Deus nas alturas e paz na Terra aos seres humanos por ele amados" (cf. Lc 2,14). Se nós pudéssemos experimentar o que significa realmente ser amado por Deus, então tudo mudaria e a paz viria morar na Terra. O texto bíblico mostra dois modos de perceber e de acolher a Palavra de Deus. O primeiro é a da atitude dos pastores: levantaram-se e foram ver os fatos, o que estava acontecendo. E foram às pressas, seguindo o sinal dado pelo anjo. O segundo modo apresenta Maria que conservava os fatos na memória e guardava tudo em seu coração. Ou seja, ela conhecia a Bíblia e tentava entender os fatos novos, iluminando-os com a luz da Palavra de Deus. Com a chegada do Deus menino, na gruta de Belém, chegou o tempo da paz anunciada por Isaías, em que animais e seres humanos irão se reconciliar e farão desaparecer da Terra toda a violência que mata (Is 11,6-9). O imperador romano pensava ser o dono do mundo. Na realidade, ele não passava de um empregado. Sem saber e sem querer, ele executava os planos de Deus, pois o decreto imperial fez com que Jesus nascesse em Belém.*

### Para aprofundar e refletir

Falar do Natal é se aprofundar na ternura de um Deus afetuoso. Quando a humanidade descobrir que o olhar de Deus é cheio de amorosidade e que quer nos acolher em um abraço de afabilidade, podemos dizer que Deus é bom. A sua própria bondade se extravasa no coração de Deus. O ponto central é: como eu estou acolhendo esse abraço todo cheio de ternura? O Natal é momento de uma profunda experiência de conversão. É buscar ter um coração acolhedor a Deus misericordioso. O Natal é momento de uma profunda conversão para o outro. Ter a capacidade de se solidarizar com os mais necessitados, os largados da sociedade, os jogados à margem da sociedade. É ter a capacidade da partilha. É sentir compaixão por aquela família sem vez e sem voz. Natal é voltar a Belém, na casa do pão, perceber quanto ainda não entendemos que o pão é para todos. "Hoje, o Filho de Deus nasceu: tudo muda. O Salvador do mundo vem para se tornar participante da nossa natureza humana: já não estamos sós e abandonados" (FRANCISCO, 2015a).

Ler e meditar a mensagem: *Urbi et Orbi* do Papa Francisco, proferida no Natal de 2022, disponível na internet.

## 4. MEDITANDO A PALAVRA

Convidar os catequizandos para conversar sobre:
- ✓ No texto, vimos que os pastores foram, às pressas, ver o sinal indicado pelo anjo e que Maria guardava tudo no coração. O que tudo isso diz para você hoje? E para o nosso grupo? Para a sua família?
- ✓ Qual o ensinamento que nos dá o tempo de preparação para o Natal?
- ✓ A Palavra nos pede alguma mudança de vida, uma conversão. Qual?

## 5. REZANDO COM A PALAVRA

Orientar os catequizandos a pensarem sobre o que a Palavra os faz rezar. O que cada um pode dizer a Deus?

Solicitar que peguem a Bíblia para rezar ao Senhor que veio revelar sua humanidade e se fazer presente em nossa vida com o Salmo 96 (95). Após cada estrofe, dizer juntos: *Resplandeceu a luz sobre nós, porque nasceu Cristo Salvador.*

Motivar a repetirem as palavras ou frases do Salmo que são mais importantes para cada um.

## 6. VIVENDO A PALAVRA

Propor que os catequizandos partilhem algo que lhes seja importante com alguém que precise mais: brinquedos, roupas, comida...

Pedir que se comprometam em participar da celebração da noite de Natal ou do dia do Natal com a família.

- ✓ Recordar que este é o último encontro do ano.
- ✓ Comunicar a data de retorno: dia ____/____/____, na celebração da Quarta-Feira de Cinzas, início da Quaresma.

# RETORNO

## *Início da Quaresma*

## 19º ENCONTRO

# JESUS FAZ A VONTADE DO PAI

*Sentido do encontro*

Retornamos aos nossos encontros, como continuidade ao caminho que iniciamos. Todos nós temos o desejo de fazer a nossa vontade, fazer o que gostamos, o que queremos. Hoje, vamos descobrir que Jesus, ainda criança, entendeu que sua missão era fazer a vontade do Pai que o enviou. Esse foi seu projeto de vida. Estamos iniciando um tempo muito importante para nós cristãos: a Quaresma. Nele poderemos crescer no conhecimento de Jesus e aprender como viver fazendo a vontade de Deus.

*Objetivo*

Compreender que Jesus foi fiel à vontade do Pai que o enviou.

*Ambientação*

Bíblia, vela e a frase: "Eu vim para fazer a vontade do Pai".

*Acolhida*

Preparar uma acolhida calorosa para retomar a caminhada.

## 1. OLHANDO PARA A VIDA

Comentar: estamos retornando, após um período de descanso e convivência com a família, e isso é motivo de alegria. Portanto, vamos partilhar com o grupo o que aconteceu de importante nesse tempo e que alegrou o coração de vocês: como foi o Natal, o primeiro dia do ano e o descanso... (*deixar o grupo conversar*).

Explicar: vamos retomar nosso caminho no processo de Iniciação à Vida Cristã, com muito entusiasmo e alegria. Concluímos o ano falando do nascimento de Jesus, de um Deus que se fez criança e que veio morar no meio da humanidade. Vamos agora, a partir deste nosso encontro e nos próximos, acompanhar os passos da vida e da missão de Jesus.

## 2. ORAÇÃO INICIAL

*Acende-se a vela...*

Motivar a fazer o sinal da cruz e rezar de mãos dadas a oração do Senhor: *Pai nosso...*

## 3. ESCUTANDO A PALAVRA

Reservar um momento de silêncio para poder melhor escutar a Palavra.

Proclamar o Evangelho segundo São Lucas 2,41-51.

Reler o texto em mutirão com o grupo. Motivar para juntos refletirem e anotarem as informações a partir das questões:

- (a) Onde acontece a cena?
- (b) O que está acontecendo na região?
- (c) Quem estava lá?
- (d) Quais são os detalhes do texto que mais chamam atenção?

### Compreendendo a Palavra

A narrativa de Jesus entre os doutores encerra o chamado Evangelho da Infância, indicando sua identidade e missão. Está centrada na indagação que supõe uma afirmação cristológica cuja verdade é inegável para a fé: "Não sabíeis que devo estar na casa de meu Pai"? (Lc 2,49). Essa atitude de Jesus vai revelando, mostrando a consciência de sua missão e a estreita relação d'Ele com o Pai. Já revela suas escolhas e suas opções, como Ele quer orientar sua vida. A união de Jesus com o Pai explica sua sabedoria. Tal sabedoria é revelada no Templo, a casa do seu Pai, em meio aos doutores, mestres ou sábios, ouvindo e também perguntando, sobretudo, com sabedoria e autoridade, causando admiração pela profundidade de suas respostas. Jesus mostra ter compreendido bem cedo que sua missão era a de se ocupar com as coisas do Pai. Maria, sua mãe, e José, angustiados, o procuram, sem compreender o que está acontecendo. Ao encontrá-lo, ouvem a pergunta: "Não sabíeis que devo ocupar-me das coisas de meu Pai"? Jesus retorna a Nazaré, sua cidade, com Maria e José, vivendo na simplicidade, no serviço diário, na obediência de filho, experimentando as etapas normais da infância e da adolescência até chegar a sua hora, hora que o Pai reservou para o cumprimento da promessa. O Menino é encontrado depois de três dias (cf. Lc 2,46). Nessa afirmação, podemos compreender a prefiguração da sua própria Páscoa: depois de três dias, Ele ressuscitará.

### Para aprofundar e refletir

O Pai-nosso é a oração por excelência do cristão. Nela somos desafiados a reconhecer que todos somos irmãos, filhos do mesmo Pai que está nos céus, e a perceber que somos chamados a criar com todos a nova fraternidade. Rezar essa oração é colocar-se na dinâmica do perdão. É aprender a capacidade da partilha.

Não ter sentimentos de orgulho, mas descobrir que todos somos irmãos. E o mais desafiador de tudo: esvaziar-se de nossa vontade, para assumir a vontade de Deus. Rezar o Pai-nosso é se jogar no amor ao próximo da mesma forma que somos amados por Deus. É colocar em prática o seu mandamento, de amarmos uns aos outros, como Ele nos amou. Vejamos o que recorda o Catecismo da Igreja Católica número 2822: "É vontade de nosso Pai 'que todos os homens sejam salvos e cheguem ao conhecimento da verdade'" (1Tm 2,3-4).

Ler e meditar os números 2824, 2826 e 2827 do Catecismo da Igreja Católica.

## 4. MEDITANDO A PALAVRA

Convidar os catequizandos a pensarem sobre: o que a Palavra de Deus que ouvimos diz para você?

Motivar a conversarem imaginando a angústia dos pais procurando Jesus e perguntar o que acharam da atitude dele, se conhecem fatos semelhantes.

Questionar se sabem o que significa a expressão de Jesus: "Eu devo me ocupar das coisas do Pai".

Solicitar que relatem: quais são as preocupações de cada um?

Pedir que se perguntem: como é possível perceber o que Deus quer de nós? Qual é a sua vontade?

## 5. REZANDO COM A PALAVRA

Incentivar os catequizandos a, em silêncio, se perguntarem: o que a Palavra me faz dizer a Deus? Depois oriente para que cada um escreva a sua oração, pedindo a Deus para viver conforme a sua vontade.

Pedir para procurarem na Bíblia o Salmo 39 e convidar a rezarem juntos. A cada estrofe do salmo, todos dizem: *Eis que venho, ó Senhor, para fazer a tua vontade!*

## 6. VIVENDO A PALAVRA

Questionar os catequizandos sobre as seguintes perguntas:
- ✓ O que este encontro, com o qual iniciamos o tempo da Quaresma e no qual refletimos sobre Jesus que veio para cumprir a vontade do Pai, nos leva a viver?
- ✓ Que atitudes novas podemos assumir para a nossa vida para vivermos bem este tempo que nos prepara para a Páscoa?

Explicar que estamos iniciando a Quaresma, tempo de conversão pessoal e de maior participação.

Motivar, a, juntamente a suas famílias, procurarem grupos de reflexão em que possam participar da preparação para a Páscoa.

**20º ENCONTRO**

# QUARESMA: TEMPO DE PREPARAÇÃO À PÁSCOA

### *Sentido do encontro*

Estamos iniciando uma nova etapa do Ano Litúrgico, o tempo da Quaresma. Tempo que nos convida à maior oração, à revisão da nossa vida e a buscarmos uma vida mais conforme com o projeto de Jesus. É, portanto, um tempo de conversão, de mudança de vida e de assumirmos gestos concretos de fraternidade e solidariedade, atentos às necessidades dos outros.

### *Objetivo*

Reconhecer qual é o sentido da Quaresma e os meios para vivê-la mais intensamente.

### *Ambientação*

Sobre um tecido roxo, colocar: Bíblia, vela, cruz, um pote com cinzas e o cartaz da Campanha da Fraternidade.

### *Acolhida*

Convide o grupo a se acolher mutuamente e a partilhar algo de importante que aconteceu na semana.

## 1. OLHANDO PARA A VIDA

Comentar: iniciando o nosso encontro, vamos partilhar como foi a nossa semana que passou, o que vivemos, o que experimentamos pessoalmente na família e na comunidade. Observar se conseguimos viver o nosso compromisso de buscar saber onde estão acontecendo os Grupos de Reflexão.

## 2. ORAÇÃO INICIAL

*Acende-se a vela...*

Convidar a traçar sobre si o sinal da cruz.

Pedir que olhem os símbolos que estão ambientando o encontro e perguntar: o que eles significam? (*deixar que todos falem livremente*).

Escolher um canto em preparação para ouvir a Palavra do Senhor.

## 3. ESCUTANDO A PALAVRA

Proclamar o Evangelho segundo São Mateus 6,1-6.16-18 (*todos em pé*).

Orientar que cada um, em silêncio, leia o texto novamente.

Propor que, em grupo, retomem o texto, recontando o relato e fazendo anotações a partir das respostas às questões:
- **a** O que diz o texto bíblico que acabamos de ler?
- **b** O que Jesus ensina?
- **c** A quem Jesus fala?

### Compreendendo a Palavra

*A Quaresma é o tempo litúrgico de conversão que a Igreja estabelece para nos preparar para a grande festa da Páscoa. É tempo para nos arrepender dos nossos pecados e de mudar algo em nós para sermos melhores e podermos viver mais próximos de Cristo. O tempo da Quaresma é de 40 dias. Inicia-se com a Quarta-feira de Cinzas e termina com a Missa da Ceia do Senhor (Quinta-feira Santa). É um tempo de reflexão, de penitência, de conversão espiritual; tempo e preparação para o mistério pascal. É um tempo em que a Igreja, à luz da Palavra de Deus, nos convida a seguir o caminho com Jesus: na oração mais intensa, na caridade, estando atentos às necessidades dos outros, sendo bons, justos, não falando da vida dos outros e colocando-se a serviço do bem de todos. É também tempo de viver a prática do perdão e de nos afastarmos do mal.*

### Para aprofundar e refletir

A Quaresma é um tempo oportuno para que possamos ir ao *nosso deserto* e ali nos colocarmos na presença de Deus. É tempo forte de conversão e mudança de vida. Não é só ficar no campo do desejo. Conversão é atitude concreta de quem quer mudar de vida. Esse tempo que começa com a Quarta-feira de Cinzas nos convida ao arrependimento. Teremos cinco semanas que a liturgia vai nos desafiando como discípulos de Jesus Cristo a tomar consciência da nossa missão como batizados. Podemos ainda perceber que esse tempo é revestido de um silêncio interior, para termos condições de fazer as mudanças que serão necessárias para a nossa caminhada. O tempo da Quaresma é tempo de *rasgar o coração, e não as vestes*. A Quaresma nos prepara para celebrarmos a centralidade da nossa fé. É o morrer para o pecado e ressuscitar para a vida nova. É tempo de voltar para o Senhor com todo o coração. Com isso, teremos consciência de que precisamos sempre nos aproximar da misericórdia de Deus. A vida espiritual deve ser uma preocupação por parte do fiel. Por fim, a Quaresma é momento de olharmos para a nossa vida de oração, para a esmola e o jejum. Portanto a Quaresma é um novo recomeço de uma caminhada de homem novo.

> Ler e meditar:
> ✓ O texto do Evangelho de Lucas 16,19-31.
> ✓ A mensagem do Papa Francisco para a Quaresma de 2017: A palavra é um dom. O outro é dom.

## 4. MEDITANDO A PALAVRA

Motivar a refletirem a partir das questões:
- ✓ O que a Palavra de Deus que escutamos e lemos diz para você?
- ✓ O que Deus está te falando? Qual mudança de vida o Senhor pede a cada um de nós?
- ✓ Como costumamos viver a Quaresma em casa e na nossa comunidade?
- ✓ Como podemos viver a oração, o jejum e a caridade na nossa vida?

## 5. REZANDO COM A PALAVRA

Solicitar que, depois de terem ouvido e meditado a Palavra de Jesus, pensem sobre o que sentem e desejam falar a Ele.

Pedir que, olhando os símbolos que ambientam o encontro, cada um, em silêncio, escreva uma oração e a reze.

Se for relevante para o grupo, promover um momento de partilha da oração que cada um fez. Concluir com a oração do Salmo 67, na Bíblia.

Se achar oportuno, o catequista poderá impor as cinzas na testa de cada um, dizendo: "Acredite no Evangelho!" Enquanto cantam: *O povo de Deus no deserto andava* (Pe. Zezinho).

## 6. VIVENDO A PALAVRA

Pedir para cada catequizando, em casa, reunir os pais ou pessoas que moram com eles e contar como foi o encontro de hoje: ler juntos o Evangelho de Mt 6,1-6.16-18 e conversar sobre o que podem aprender com ele.

**21º ENCONTRO**

# A CAMPANHA DA FRATERNIDADE

*Sentido do encontro*

A Campanha da Fraternidade nasceu para ser tempo forte de evangelização durante o período da Quaresma. Tem como objetivo ajudar os cristãos e as pessoas de boa vontade a viverem a fraternidade por meio de compromissos e gestos concretos, no processo de transformação da sociedade. A Campanha da Fraternidade é expressão de evangelização, de conversão e renovação na vida da Igreja.

*Objetivo*

Entender a importância de estar em sintonia com a Igreja no Brasil, que busca, com gestos concretos, viver melhor a Quaresma.

*Ambientação*

Cartaz da Campanha da Fraternidade do ano atual, vela, tecido roxo, cruz e Bíblia. Preparar a oração da Campanha da Fraternidade.

*Acolhida*

Manifestar a alegria em acolher, mais uma vez, cada um, cada uma, neste encontro semanal.

## 1. OLHANDO PARA A VIDA

Orientar a partilha de como foi a semana que passou, se houve algum acontecimento ou fato importante que desejam contar. Como conseguiram realizar o compromisso do encontro anterior? (*deixar o grupo partilhar*).

Preparar um canto e convidar os catequizandos a se prepararem para ouvir a Palavra do Senhor cantando.

## 2. ORAÇÃO INICIAL

*Acende-se a vela...*

Dizer a todos: *iniciemos nosso encontro em nome da Santíssima Trindade: em Nome do Pai e do Filho e do Espírito Santo. Amém.*

Orientar que, em silêncio, olhem para os símbolos presentes no lugar e cada um faça sua oração pessoal no início do encontro.

## 3. ESCUTANDO A PALAVRA

Proclamar o Evangelho segundo São Marcos 9,2-10 (*ou ler o texto bíblico proposto pelo lema da Campanha da Fraternidade, fazendo as adaptações na reflexão e no estudo*).

Reler o texto uma ou duas vezes, com a participação do grupo.

Orientar que conversem e anotem as respostas a partir do que se pede nas questões:

- **a** O que diz o texto?
- **b** De quem está falando?
- **c** Onde acontece essa cena? Quem está presente?

Motivar que cada um diga uma frase ou palavra que mais chamou a atenção no texto proclamado.

### Compreendendo a Palavra

*Sempre que temos uma experiência com Jesus, na oração, nós também ficamos admirados diante Dele, pois Ele preenche nossa vida, o nosso ser. Quem faz essa experiência de estar com Jesus, sente em sua vida a glória do Senhor se manifestar. Assim compreendemos que a transfiguração de Jesus diante dos três apóstolos nos leva a refletir sobre o desejo de Deus quando nos chama para ficar a sós com Ele. O pensamento de Deus é de nos formar e nos exercitar para que possamos, depois, descer do Tabor, a fim de enfrentar a vida na planície, pondo em ação tudo o que Ele nos mandar fazer. "Este é o meu Filho muito amado, ouvi-o" (Mc 9,7). A voz do Pai que se fez ouvir no meio das nuvens, e a presença de Elias e Moisés, representando os Profetas e a Lei, são para nós uma manifestação de que a Palavra de Deus é quem deve direcionar a nossa caminhada aqui na Terra.*

### Para aprofundar e refletir

A transfiguração do Senhor nos mostra que o discípulo precisa enfrentar as dificuldades da vida de cabeça erguida. O Senhor que se transfigura diante dos discípulos e com os testemunhos de Moisés e Elias nos mostra que Jesus Cristo veio para completar toda a Escritura. A transfiguração é para confirmar a fé dos discípulos, mostrar que tudo o que iria acontecer com Jesus Cristo não seria uma caminhada em vão. A caminhada se faz na planície da vida, no cotidiano do caminho e na fidelidade. É nessa caminhada de doação e entrega ao projeto do Pai que vamos nos transfigurando. A transfiguração de Jesus Cristo é momento forte para alimentar a fé dos discípulos. Disso nos diz são Leão Magno: "Sirva, portanto, a proclamação deste Evangelho para confirmar a fé de todos, e ninguém se envergonhe da cruz de Cristo, pela qual o mundo foi salvo" (SAGRADA CONGREGAÇÃO PARA O CULTO DIVINO, 1995, p. 132).

> Ler e meditar o Sermão de São Leão Magno na Liturgia da Horas: ofício das leituras do 2º domingo da Quaresma.

## 4. MEDITANDO A PALAVRA

A partir das questões, proponha aos catequizandos que reflitam:
- ✓ O que a Palavra diz para você e para este momento de nossa realidade?
- ✓ Qual a mensagem e o ensinamento que ela nos dá?
- ✓ Você já fez alguma experiência de escutar a voz de Deus? O que sentiu?
- ✓ O que percebemos que deveria ser diferente em nossa vida para poder fazer essa experiência de transfiguração?

## 5. REZANDO COM A PALAVRA

Motivar os catequizandos a diante de tudo o que viveram no encontro, refletirem sobre:
- ✓ O que a Palavra faz você dizer a Deus?

Deixar um tempo de silêncio e motivar a responderem à questão fazendo preces espontâneas.

Mostrar o cartaz da Campanha da Fraternidade e convidar a fazerem uma oração diante da cruz (*Enquanto fazem a oração, podem se aproximar e tocar na cruz que estiver no ambiente do encontro*).

Aguardar e rezar juntos a oração da Campanha da Fraternidade. Se possível, encerrar este momento com um canto da Campanha da Fraternidade.

## 6. VIVENDO A PALAVRA

Orientar que escolham juntos, como grupo, um compromisso, um gesto concreto para realizarem durante a semana. Solicite que registrem a escolha.

- ✓ Prever e organizar o dia e horário para a Celebração da Reconciliação.
- ✓ Para esta celebração, solicitar que cada um traga algo para partilhar no fim do encontro.

# CELEBRAÇÃO DA RECONCILIAÇÃO PARA O TEMPO DA QUARESMA

- *Esta celebração tem como objetivo iniciar os catequizandos a sentirem a necessidade da reconciliação com Deus, com os outros e consigo mesmo.*
- *Não é uma celebração sacramental, isto é, não terá confissão.*
- *Pode ser realizada com os catequizandos, no encontro de catequese, ou em um momento próprio reunindo alguns grupos na mesma caminhada, motivando-os a se preparar para a celebração da Páscoa do Senhor.*
- *É importante criar um ambiente bem organizado, em círculo, com os símbolos e fazer uma acolhida calorosa.*
- *Se achar oportuno, pode ser pensado e preparado um momento de confraternização após a celebração.*

## *Ambientação*

A cruz, pano roxo, recortes de jornal com situações de dor, sofrimento, afastamento de Deus, violência. A Bíblia, uma vela e um pote com água. Pequenos pedaços de papel em branco, para entregar a cada um.

**Canto**: à escolha.

*Catequista:* A Quaresma é o melhor e principal tempo para revisar nossa vida, nos preparar para a Páscoa de Jesus e a nossa. Hoje, aqui reunidos, faremos a experiência da misericórdia de Deus. Queremos sentir o amor de Deus em nós, sua ternura e carinho para com cada um de nós.

## 1. ORAÇÃO INICIAL

Rezemos ao Senhor para que sejamos renovados pela penitência na graça do nosso Batismo. *Guardai-nos, Senhor, e fazei que, renovados por vossa cruz, nos alegremos com vossa Ressurreição. Por Cristo, nosso Senhor. Amém.*

**Canto**: *Eis o tempo de conversão* (Letra e música: José Weber).

*Catequista:* Olhemos para os símbolos e as imagens que estão à nossa frente, o que vemos? Conhecemos realidades assim?

## 2. PALAVRA DE DEUS

Proclamar o Evangelhos segundo São Lucas 15,4-7.
Reler o texto mais uma vez ou recontá-lo.
Destacar as frases e expressões que mais nos chamaram atenção.

## 3. MEDITANDO A PALAVRA

*Catequista:* Como pessoas humanas, com facilidade nos afastamos de Deus, nos perdemos na vida com tantas outras coisas que julgamos importantes, enfraquecemos a graça do Batismo que recebemos. Mas Deus vem ao nosso encontro, vem à nossa procura até nos encontrar, e com amor nos faz retornar a Ele e se enche de alegria pela nossa volta.

Em silêncio, olhemos para nossa vida, vamos perceber quando nos afastamos de Deus, que gestos, atitudes tiram de nós a alegria, a paz, a boa convivência.

- ✓ Orientar que escrevam na folha de papel que receberam do catequista tudo o que querem colocar no coração de Deus e pedir sua misericórdia, seu amor, seu carinho e seu perdão (colocar uma música instrumental de fundo).
- ✓ Convidar o grupo a partilhar o que escreveu, com liberdade. Depois que cada um falar, orientar para que amassem o papel com as fraquezas, o mal e os pecados e jogue-o no lixo.
- ✓ Rezar juntos o Salmo 50 da Bíblia. Ou alguém lê os versículos e pode ser repetido o refrão cantado ou rezado: *Senhor Deus, misericórdia.*
- ✓ Após a oração do salmo: cada um se aproxima da água, que lava, purifica, devolve a dignidade batismal e a alegria do amor de Deus. Tocar na água fazer o sinal da cruz e, em seguida, beijá-la.

*Catequista:* Lavai-me, Senhor, lavai-me, e bem limpo eu vou ficar.
**Todos:** Lavai-me, Senhor, lavai-me, e bem limpo eu vou ficar.
*Catequista:* Senhor, vós me lavareis, de tão limpo eu vou brilhar.
**Todos:** Senhor, vós me lavareis, de tão limpo eu vou brilhar
**Canto:** à escolha.

*Todos de pé, num grande abraço, rezar a oração do Senhor: Pai nosso...*

**Oração:** *Ó Deus de ternura e amor. És a fonte, de toda a palavra boa e de toda a ação justa. Neste tempo de deserto, de Quaresma, ensina-nos a rezar, ensina-nos a praticar a caridade, a fazer boas ações, ensina-nos a repartir com os irmãos e irmãs mais necessitados. Ajuda-nos a permanecermos sempre unidos a vós. Por Cristo, nosso Senhor. Amém.*

- ✓ Convidar a todos para participar da festa da alegria e do amor (confraternização).

## 22º ENCONTRO

# SEMANA SANTA: O CAMINHO DE JESUS

### Sentido do encontro

Com o Domingo de Ramos, iniciamos a Semana da Paixão. Semana na qual viveremos o mistério central da nossa fé, mistério da Paixão, Morte e Ressurreição do Senhor. Ele caminha voluntariamente a Jerusalém, aclamado no caminho: "Bendito o que vem em nome do Senhor. Hosana ao Filho de Davi". Nesta semana, celebramos o ponto alto do Ano Litúrgico: o Tríduo Pascal. Três grandes momentos, de uma única e mesma celebração: a Ceia do Senhor, sua Paixão e Morte na cruz e a sua Ressurreição, que nos prepara para a maior e mais solene celebração: a Páscoa do Senhor.

### Objetivo

Participar da celebração do mistério central da nossa fé.

### Ambientação

Toalha ou tecido vermelho, ramos verdes (o suficiente para que no momento da oração cada catequizando possa ter um ramo em mãos), vela, Bíblia e a frase: "Bendito o que vem em nome do Senhor"!

### Acolhida

Acolher com alegria os catequizandos, motivando-os a se prepararem para refletir sobre o mistério central da nossa fé, que é o objetivo do encontro.

## 1. OLHANDO PARA A VIDA

Conversar sobre como foi vivenciado o compromisso da semana anterior.

Motivar todos a partilharem como está a participação nos grupos de reflexão em preparação à Páscoa e como estão se preparando para a celebração da Páscoa.

## 2. ORAÇÃO INICIAL

*Acende-se a vela...*

Convidar para juntos realizarem o sinal da cruz.

Pedir ao grupo que diga nomes de pessoas e de realidades que gostaria de lembrar e por elas rezar. Depois solicitar que digam juntos: *Glória ao Pai e ao Filho e ao Espírito Santo. Como era no princípio, agora e sempre. Amém.*

Selecionar um canto de aclamação à Palavra adequado ao tema do encontro.

## 3. ESCUTANDO A PALAVRA

Proclamar o Evangelho segundo São Mateus 21,1-11.

Orientar que releiam o texto mais de uma vez, para uma maior compreensão.

Solicitar aos catequizandos que reflitam e anotem sobre o que ouviram, a partir das questões:

a) O que diz a Palavra proclamada?
b) Onde acontece a cena?
c) Quem está presente?
d) Quais são as aclamações?
e) Para onde Jesus está se dirigindo?

### Compreendendo a Palavra

*A origem desta aclamação vem da Festa das Tendas, que era realizada no outono, depois da colheita (Dt 16,13; Lv 23,34). Ela lembrava o tempo em que o povo israelita fazia sua caminhada pelo deserto (Lv 23,43), morando em tendas. Por isso, durante uma semana, eles recolhiam ramagens e formavam tendas por toda a parte (Ne 8,14-17). O povo agitava os ramos e dizia: "Bendito o que vem em nome do Senhor". E os sacerdotes respondiam: "Da casa de Javé, nós vos abençoamos" (Sl 118,25-27). A Festa das Tendas era um momento de alegria e de louvor que mantinha a identidade do povo e lhe dava resistência. A cena da entrada de Jesus em Jerusalém revela a sua identidade como Messias pobre e humilde. Entra em Jerusalém, montado em um jumentinho, que era o transporte dos pobres daquela época. O Evangelista Mateus, nessa narrativa, inspira-se, na tradição profética, mostra o sentido e o cumprimento da profecia de Zacarias 9,9: "Dizei à Filha de Sião: eis que o teu rei vem a ti. Ele é manso e está montado num jumento, num jumentinho, cria de um animal de carga!". O verdadeiro discípulo é aquele que aceita Jesus do jeito que Ele é e quer ser, e não do jeito que gostaria que Ele fosse. Como diz o canto: Eles queriam um grande rei que fosse forte e dominador. Por isso, não creram n'Ele e mataram o Salvador. Na Liturgia, no canto do Santo, retomamos e lembramos a entrada de Jesus em Jerusalém, quando cantamos: Hosana nas alturas! Bendito o que vem em nome do Senhor! Por esse motivo, em cada celebração litúrgica, reconhecemos sua presença e seu senhorio. Ao aclamarmos que Ele é bendito e vem em nome de Deus, colocamo-nos, como servidores fiéis, em atitude de acolhida da sua proposta de vida e do seu projeto.*

## *Para aprofundar e refletir*

Jesus entra em Jerusalém. Esta passagem marca o início da grande semana, a semana maior. É chegada a hora de Jesus Cristo, de sua entrega total na obediência ao Pai. A multidão eufórica parece não entender essa decisão de Jesus, mas o acompanha com muita alegria, a ponto de colocar os mantos e os ramos no chão como tapetes para acolher o Rei de Israel. Porém, há muita diferença do estilo de Rei de Jesus e dos reis da terra. Ele, na sua misericórdia, quer oferecer a toda a humanidade a salvação. A simplicidade de sua entrada nos mostra que o caminho se faz na humildade. Quem deseja fazer parte desse Reino deve ter as mesmas atitudes do Mestre. Jesus nos mostra que vem para libertar os oprimidos, marginalizados e largados da sociedade. Veio para nos libertar do pecado que escraviza a nossa vida. Essa entrada revela o grande amor de Deus pelo ser humano.

Ler e meditar a homilia do Papa Francisco no Domingo de Ramos de 24 março de 2013, por ocasião da XXVII Jornada Mundial da Juventude, disponível na internet.

## 4. MEDITANDO A PALAVRA

Motivar a refletirem sobre as questões:
- ✓ O que a Palavra de Deus diz para você?
- ✓ O que Deus falou no passado e o que está falando hoje, por meio deste texto?
- ✓ Olhemos para a nossa vida, o mundo, a comunidade onde vivemos: o que Deus nos pede hoje? Quais atitudes e gestos?
- ✓ Quem é aclamado nos dias de hoje? E nós, como acolhemos Jesus?

## 5. REZANDO COM A PALAVRA

Orientar para rezarem em silêncio, buscando responder:
- ✓ O que quero dizer a Deus?

Pedir que cada um escreva a sua oração. Depois, espontaneamente, cada um diz a sua oração em voz alta, partilhando com o grupo.

Após cada prece, todos devem erguer os ramos que receberam no início do encontro e dizer ou cantar: *Hosana ao filho de Davi!*

Convidar os catequizandos para rezarem juntos a oração proposta na sequência, explicando que o catequista irá rezar e a cada parte o grupo cantará, erguendo os ramos:

113

**Todos:** Hosana, hey! Hosana, há. Hosana, hey! Hosana, hey! Hosana, há.

*Catequista:* Os filhos dos hebreus, com ramos de Oliveira, foram ao encontro do Cristo que chegava.

**Todos:** Hosana, hey! Hosana, há. Hosana, hey! Hosana, hey! Hosana, há.

*Catequista:* Uma grande multidão estendia os seus mantos e outros colocavam seus ramos no caminho e aclamavam a Jesus.

**Todos:** Hosana, hey! Hosana, há. Hosana, hey! Hosana, hey! Hosana, há.

*Catequista:* Salve, ó filho de Davi! Bendito o que vem em nome do Senhor. Os que vinham seguindo aclamavam com voz forte.

**Todos:** Hosana, hey! Hosana, há. Hosana, hey! Hosana, hey! Hosana, há.

(cf. Responsório do ofício das leituras do Domingo da Paixão)

## 6. VIVENDO A PALAVRA

Questionar aos catequizandos: o que a Palavra que ouvimos, refletimos e rezamos neste encontro nos leva a pensar sobre como viver nesta semana? Que compromisso podemos assumir?

Orientar que cada um escolha o seu compromisso e o anote.

✓ Motivar a participar da procissão e celebração no Domingo de Ramos na comunidade e convidar a família para se organizar e participar das celebrações litúrgicas da Semana Santa.

**23º ENCONTRO**

# JESUS NOS DEIXA UM NOVO MANDAMENTO

### Sentido do encontro

Estamos nos aproximando da semana mais importante da vida do cristão e da Igreja: a Semana Santa. Tempo de meditar, rezar e celebrar o mistério central da nossa fé cristã: o mistério da Paixão, Morte e Ressurreição do Senhor Jesus. A liturgia desta semana é muito rica em sinais, gestos e palavras. Tem início na quinta-feira, celebrando a Ceia do Senhor, que nos lembra a instituição da Eucaristia com o lava-pés, gesto por meio do qual compreendemos a vida que se faz serviço. Nesse gesto, acolhemos o novo mandamento do amor. "Assim como eu fiz, fazei vós também" (Jo 13,15).

### Objetivo

Compreender o mistério da Páscoa, acolhendo a grande lição de amor em favor da humanidade.

### Ambientação

Vela, Bíblia, toalha branca, um pão, flores, jarro com água e bacia.

### Acolhida

Receber os catequizandos com alegria, dando-lhes as boas-vindas.

## 1. OLHANDO PARA A VIDA

Motivar uma conversa entre os catequizandos sobre as questões:
- ✓ Como a sociedade está se preparando para a Páscoa?
- ✓ Quais são os sinais?
- ✓ E a Igreja? E o nosso grupo?
- ✓ Estamos levando a sério nossos compromissos? Como?

## 2. ORAÇÃO INICIAL

*Acende-se a vela...*

Convidar a fazerem o sinal da cruz. Depois pedir aos catequizandos que, em silêncio, olhem os símbolos que estão na sala, buscando entender a relação com o que vamos viver na liturgia, ao longo da semana.

Preparar um canto para aclamar o Evangelho que será proclamado.

## 3. ESCUTANDO A PALAVRA

Proclamar o Evangelho segundo São João 13,1-16.

Orientar que releiam o texto mais de uma vez.

Solicitar que reflitam e anotem a resposta para à questão:

**a)** O que diz o texto que acabamos de ler?

Pedir que descrevam os elementos, os gestos, as palavras e as personagens do texto.

### Compreendendo a Palavra

*O Evangelista João situa a instituição da Eucaristia ao anoitecer da quinta-feira e substitui a ceia pelo gesto do lava-pés. Com isso, quer dar importância ao mistério da pessoa e da missão de Jesus, que culmina com o grande gesto de amor até o fim: não vim para ser servido, mas para servir. Oferecer água para lavar os pés era gesto de cortesia, feito por um escravo ou pelo discípulo do mestre. Jesus assume, ele mesmo, esse serviço. O Mestre se levanta da mesa, lava os pés dos seus discípulos, colocando-se como servidor de Deus Pai, renunciando à sua glória, perdendo-a para retomá-la. É um gesto profético que anuncia a morte de Jesus como servo sofredor. É também sinal de sua doação total, do seu amor; amor esse que deve ser vivido por nós, por aqueles e aquelas que querem ser discípulos e discípulas dele, dando continuidade à sua missão. "Eu vos dei o exemplo para que façais a mesma coisa que eu fiz" (Jo 13,15b).*

### Para aprofundar e refletir

Jesus celebra a última ceia com seus discípulos, antes de morrer. A Eucaristia é a centralidade de toda a vida da Igreja. Sem ela não existe Igreja. A Eucaristia é alimento para a caminhada do povo para a eternidade. Comungar é querer se tornar outro Cristo. Celebrar a Eucaristia é tornar esse evento salvífico atualizado. Quando participamos ativamente da Eucaristia, nos configuramos a Cristo. É quando tomamos consciência de que ela é sinal de unidade e de que necessitamos de ser geradores de unidade. Comungar é desejar amar com a mesma entrega de Cristo. A Eucaristia é o sinal maior do amor doação. É o desejo de Jesus

Cristo de permanecer junto aos seus. A Eucaristia nos fortalece nos momentos mais difíceis de nossa existência. Ela é pão partilhado com os mais necessitados (cf. SC, n. 47).

> Ler e meditar:
> ✓ O número 47 da Constituição dogmática Sacrossanctum Concilium.
> ✓ O número 278 do Documento de Aparecida.

## 4. MEDITANDO A PALAVRA

Todos, em círculo, organizar os catequizandos para realizar o gesto do lava-pés.

Após a encenação, conversar sobre:

- ✓ Que sentimentos a Palavra e o gesto de Jesus despertaram em você?
- ✓ Por que esse gesto é importante para o nosso grupo, para a nossa comunidade?
- ✓ Como podemos viver em nossa vida, na família, esse ensinamento de Jesus?

## 5. REZANDO COM A PALAVRA

Orientar que, diante do gesto de Jesus e dos símbolos usados no encontro, todos façam silêncio. Depois, que cada um escreva e faça sua oração de agradecimento, de súplica ou de perdão (*se for possível, coloque uma música instrumental de fundo*).

Convidar o grupo a partilhar a sua oração e, depois, a ficarem todos em pé, ao redor do pão, para cantar: *Eu vos dou um novo mandamento* (Pe. Ney Brasil).

Partir o pão e entregar um pedaço para cada catequizando (*todos comem em silêncio*).

Rezar juntos o Salmo 116, na Bíblia.

## 6. VIVENDO A PALAVRA

Questionar:

- ✓ O que esse encontro nos convida a viver?
- ✓ Qual o gesto concreto que podemos assumir nesta semana?

✓ Motivar a família sobre a importância de participar das celebrações da Semana Santa.

## 24º ENCONTRO

# JESUS ESTÁ VIVO NO MEIO DE NÓS

*Sentido do encontro*

É Páscoa! Jesus Ressuscitado está vivo no meio de nós. Durante cinquenta dias, somos chamados a olhar para o Ressuscitado e, como os discípulos, compreender "que Ele devia ressuscitar conforme as Escrituras" (cf. Jo 20,9). No encontro de hoje, vamos nos dar conta de sua presença viva em nosso meio, que continuamente renova a nossa fé. É preciso ver os sinais da Ressurreição e acreditar!

*Objetivo*

Entender que a Ressurreição de Cristo garante a nossa Ressurreição e que o Cristo vivo e Ressuscitado continua nos dando sinais de sua Ressurreição.

*Ambientação*

Organizar o ambiente com um túmulo semiaberto no centro (pode ser feito com caixa de papelão). Colocar o Círio Pascal e entregar velinhas para cada catequizando.

*Acolhida*

Receber a todos com alegria e em clima de festa.

### 1. OLHANDO PARA A VIDA

Conversar com o grupo sobre como viveram a Semana Santa, o Tríduo Pascal e o dia de Páscoa.

### 2. ORAÇÃO INICIAL

Iniciar dizendo: o Círio Pascal é o sinal do Cristo Ressuscitado. Vamos acendê-lo (se não tiver o Círio, pode ser uma vela).

Convidar a cantarem ou dizerem o refrão: *O Ressuscitado vive entre nós. Amém! Aleluia!* (Letra: Missal Romano; música: Joel Postma).

Comentar: o Tempo Pascal é um período de cinquenta dias em que Jesus Ressuscitado permaneceu com os discípulos até a vinda do Espírito Santo. O Espírito Santo permanece conosco hoje, levando-nos a uma maior proximidade com Jesus. Por isso, rezemos juntos a oração invocando o Espírito Santo, digamos: *Vinde Espírito Santo...*

## 3. ESCUTANDO A PALAVRA

Proclamar o Evangelho segundo São João 20,1-10.

Pedir que todos se sentem e façam uma leitura silenciosa, cada um com sua Bíblia.

Solicitar que reflitam sobre o texto e cada um anote o versículo que mais lhe chamou a atenção. Após escrever esse versículo, pedir que o leiam em voz alta, partilhando com o grupo.

Conduza a reflexão propondo:
- **a** O que o texto diz em si mesmo?
- **b** Reconte a história com suas próprias palavras.
- **c** Quais são as pessoas presentes no texto?

### *Compreendendo a Palavra*

*"A fé em Cristo ressuscitado também não nasce em nós de forma espontânea, só porque ouvimos desde crianças catequistas e pregadores. Para abrirnos à fé na Ressurreição de Jesus, temos que fazer nosso próprio percurso. É necessário não esquecer Jesus, amá-lo com paixão e buscá-lo com todas as forças, mas não no mundo dos mortos. Aquele que vive deve ser buscado no mundo dos vivos... Se quisermos nos encontrar com Cristo ressuscitado, cheio de vida e força criadora, devemos buscá-lo [...]. Temos de buscá-lo não entre cristãos divididos e que enfrentam lutas estéreis, vazias de amor a Jesus e de paixão pelo Evangelho, mas onde vamos construindo comunidades que colocam Cristo em seu centro [...]. Não vamos encontrar aquele que vive, numa fé estagnada e rotineira, gasta por todo tipo de lugares comuns e fórmulas vazias de experiência, mas buscando uma qualidade nova em nossa relação com Ele e em nossa identificação com seu projeto"* (PAGOLA, 2013, p. 238).

### *Para aprofundar e refletir*

"Este é o dia que o Senhor fez. Alegremo-nos e nele fiquemos felizes" (Sl 118). A alegria do discipulado se dá na certeza do caminho percorrido com segurança de que a vitória é certa. A vitória de Cristo é também a nossa vitória. O Senhor nos fez justamente para esse dia, o dia da alegria da Ressurreição. Quando tomamos consciência de que caminhar ao lado de Jesus Cristo é certeza de caminhar em meio à luz, não só caminhamos em meio à luz, mas somos nós mesmos chamados a sermos luz e transmitir essa alegria que brota do Evangelho de

Jesus Cristo. A pergunta que cada um deve fazer é: será que eu estou pronto para dia do Senhor? Às vezes levamos uma vida despreocupada e não tomamos consciência do nosso compromisso enquanto filhos de Deus. O dia do Senhor virá e deverá nos encontrar felizes e prontos para esse encontro. Esse dia é o da nossa libertação, do encontro definitivo com o nosso Senhor. Não será um encontro desastroso, mas feliz e pleno. É o dia da nossa vitória.

> Ler e meditar:
> - O Salmo 118.
> - O texto de Frei Ariovaldo da Silva, OFM. O Domingo, Páscoa Semanal dos cristãos, que encontra-se nas páginas 23-25 do livro *Litúrgica em mutirão* I: subsídios para a formação. Brasília: Edições CNBB, 2017.

## 4. MEDITANDO A PALAVRA

Motivar a reflexão a partir das questões:
- Como a Ressurreição de Jesus anima a nossa fé e a nossa esperança?
- Qual o convite que a Palavra nos faz?
- Nós podemos viver a alegria da Ressurreição? De que forma?

## 5. REZANDO COM A PALAVRA

Fazer momento de silêncio, incentivando que percebam o movimento de sua respiração e de seu coração como sinal de vida.

Propor uma conversa com Jesus vivo, que anima o nosso coração a continuar pulsando. Aguardar uns instantes e, em seguida, pedir que escrevam o que querem dizer a Jesus.

Orientar que cada catequizando acenda sua vela no Círio Pascal, para lembrar que devemos levar a luz de Cristo Ressuscitado a todo lugar por onde andarmos.

Rezar juntos o Salmo 117. O catequista proclama a primeira parte de cada verso, e o grupo responde com a frase: *Que seu amor é sem fim!*

Finalizar este momento rezando juntos: *Glória ao Pai, ao filho e ao Espírito Santo...*

## 6. VIVENDO A PALAVRA

Motivar os catequizandos a, durante a semana, procurarem perceber os sinais de vida nova, de ressurreição na família e na escola.

## 25º ENCONTRO

# JESUS RESSUSCITADO NOS ENSINA A FAZER O BEM

*Sentido do encontro*

Os gestos e atitudes de Jesus nos ensinam a sermos pessoas de bem. No encontro de hoje, iremos reconhecer a prática de Jesus, que passou a vida fazendo o bem a todos. A exemplo do Cristo, sejamos portadores de uma opção preferencial pelas coisas de Deus. A intimidade com Ele nos motiva a sermos construtores da paz e da solidariedade, renunciando a tudo que nos afasta de Deus e dos irmãos, assim viveremos como pessoas ressuscitadas. Tempo favorável para entrar na escola de Jesus.

*Objetivo*

Reconhecer que somente com o testemunho de Jesus Ressuscitado somos capazes de optar pelas coisas boas.

*Ambientação*

Construir um caminho com pedras, flores, o Círio Pascal e um cartaz com a frase: "PAZ e BEM".

*Acolhida*

Receber os catequizandos com um abraço alegre, desejando paz e bem.

## 1. OLHANDO PARA A VIDA

Perguntar aos catequizandos como vivenciaram a semana, quais as alegrias de casa e da escola.

## 2. ORAÇÃO INICIAL

*Acender o Círio ou uma vela grande...*

Recordar aos catequizandos que o período Pascal corresponde a cinquenta dias em que Jesus Ressuscitado permaneceu com os discípulos até a vinda do Espírito Santo e que permanece conosco até hoje.

Motivar a rezarem juntos a oração ao Espírito Santo.

Preparar um canto que ajude a acolher a Palavra do Senhor.

## 3. ESCUTANDO A PALAVRA

Proclamar o Evangelho segundo São Marcos 10,46-52.

Orientar que cada um faça uma leitura silenciosa do texto proclamado. Em seguida, motivar cada um a pensar e anotar o versículo que mais lhe chamou a atenção. Depois pedir que o leiam em voz alta.

Pedir que recontem a história com suas próprias palavras.

### Compreendendo a Palavra

"Que podemos fazer quando a fé vai se apagando dos nossos corações? É possível reagir? Poderemos sair da indiferença? Marcos narra a cura do cego Bartimeu para animar os seus leitores a viverem um processo que pode mudar suas vidas. Não é difícil reconhecer-nos na figura de Bartimeu. Vivemos, por vezes, como cegos, sem olhos para ver a vida como Jesus. 'Sentados', instalados numa religião convencional, sem forças para seguir os seus passos. Desencaminhados, 'à beira do caminho que leva até 'Jesus', sem o ter como guia das nossas comunidades cristãs.

"Que podemos fazer? Apesar de sua cegueira, Bartimeu toma conhecimento de que, pela sua vida, ia passar Jesus. Não pode deixar escapar a oportunidade e começa a gritar uma e outra vez: 'tem piedade de mim'. Isto é sempre o início: abrir-se a qualquer chamado ou experiência que nos convida a curar nossa vida. [...] O cego continua no chão, longe de Jesus, mas escuta atentamente o que lhe dizem os seus enviados: 'Coragem, levante-se, porque Jesus está chamando você'. Primeiro, anima-se abrindo um pequeno resquício à esperança. Logo, escuta o chamado para levantar-se e reage. Por fim, já não se sente só: Jesus o chama. Isto muda tudo. Bartimeu dá três passos que vão mudar a sua vida. 'Larga o manto' porque o incomodava, para se encontrar com Jesus. Logo depois, apesar de se mover entre trevas, 'dá um pulo' decidido. Desta forma 'aproxima-se' de Jesus. É o que necessitamos muitos de nós: libertar-nos de correntes que afogam a nossa fé; tomar, por fim, uma decisão sem deixar para mais tarde; e nos colocar diante de Jesus com confiança simples e nova. Quando Jesus lhe pergunta o que quer dele, o cego não tem dúvidas. Sabe muito bem o que necessita: 'Mestre, que eu possa *ver de novo'. É o mais importante. Quando se começa a ver as coisas de uma nova forma, a sua vida se transforma. Quando uma comunidade recebe a luz de Jesus, converte-se"* (PAGOLA, 2015).

## Para aprofundar e refletir

"Este pobre grita e o Senhor o escuta" (Sl 34,7). Esse tema deve mexer com a nossa caminhada de discípulos. O gritar é um gesto de desespero da pessoa a quem parece que não há mais ninguém que a ajude. Mas aqui é o grito de quem tem plena confiança de que o Senhor vai ouvir seu apelo, seu clamor. O grito de tantos irmãos que ecoa no mundo deve tocar o nosso coração. Coração muitas vezes insensível diante da miséria e sofrimento que passam nossos irmãos. Diante dessa realidade tão excludente, temos que no mínimo sentir compaixão. Devemos ter a sensibilidade de perceber que Cristo sofre nesses irmãos e que nos chama a estender as mãos. Vemos tantos irmãos e irmãs que sofrem o flagelo da fome e que gritam pela nossa ajuda. Deus tem predileção pelo pobre e pelos abandonados, devemos nós também termos a mesma predileção. Mas, na maioria das vezes, nos afastamos desses amados de Deus.

Ler e meditar a mensagem do Papa Francisco em preparação para a II Jornada Mundial dos Pobres do mês de novembro de 2018, disponível na internet.

## 4. MEDITANDO A PALAVRA

Motivar a partir das questões:
- ✓ Onde encontramos Jesus Ressuscitado hoje?
- ✓ Como a Ressurreição de Jesus anima a nossa fé e a nossa esperança?
- ✓ Como podemos fazer o bem a exemplo de Jesus?
- ✓ Nossos olhos estão abertos para ver as realidades e necessidades dos outros?

Solicitar aos catequizandos que escrevam a uma reflexão e um comentário com base no que meditaram.

## 5. REZANDO COM A PALAVRA

Levar cada catequizando a questionar sobre:
- ✓ O que esta Palavra faz você dizer a Deus?
- ✓ Que oração brota do nosso coração ao coração de Deus?

Incentivar a contemplar o caminho apresentado no encontro, destacando que por vezes no caminho encontramos pedras, outras vezes flores. Mas o caminho que escolhemos percorrer, cabe a nós construir, a cada dia. Para isso, é preciso pensar como construir um caminho de bem e de harmonia.

Pedir que conversem sobre como desejam que seja as suas vidas, o que podem fazer para realizar os seus desejos, e se o que desejam está em sintonia com a vontade de Deus e os ensinamentos de Jesus. Depois da conversa, solicitar que anotem as respostas a essa reflexão.

Convidar todos para concluir rezando juntos, na Bíblia, o Salmo 37 (36).

## 6. VIVENDO A PALAVRA

Motivar a cada uma, durante a semana, procurar ajudar uma pessoa doente, ajudar nos serviços da casa etc.

**26º ENCONTRO**

# SOMOS A IGREJA DE JESUS

### Sentido do encontro

Jesus Ressuscitado dá aos seus discípulos a missão de continuarem a propagar o Reino em todos os lugares da Terra, e promete permanecer com eles. E assim "todo o que crer e for batizado será salvo" (cf. Mc 16,16). Cristo quer nos incluir em sua família para sermos sua Igreja, membros de seu corpo glorioso. Somos chamados a sermos a Igreja de Jesus, fiel aos seus ensinamentos.

### Objetivo

Compreender que, pelo Batismo, somos membros da Igreja, corpo místico de Cristo.

### Ambientação

Papel grande para desenhar, lápis, Bíblia, vela, imagens de rostos de pessoas de diferentes idades e etnias, imagem do rosto de Jesus.
Preparar um canto com o tema Igreja.

### Acolhida

Acolher a cada um com alegria e um abraço caloroso.

## 1. OLHANDO PARA A VIDA

Retomar o compromisso do encontro anterior.

Pedir para cada um partilhar o que fez para cultivar atitudes de bem e quais atitudes praticou.

Conduzir a conversa sobre o tema do encontro a partir das perguntas:
- ✓ O que você sabe sobre a Igreja?
- ✓ Quem é a Igreja?

## 2. ORAÇÃO INICIAL

*Acende-se o Círio ou uma vela...*

Motivar a fazerem o sinal da cruz e a rezarem por alguma situação vivida ao longo da semana, pelos membros da comunidade e pelo Papa, elo visível da Igreja em todo o mundo.

Preparar um canto sobre Igreja que ajude os catequizandos a se prepararem para ouvir o texto bíblico.

## 3. ESCUTANDO A PALAVRA

Proclamar o Evangelho segundo São Marcos 16,9-20.

Ler novamente o texto, cada um lê um versículo.

Orientar a refletirem e anotarem suas respostas aos seguintes pontos:

- **a)** Reconte a história com as próprias palavras.
- **b)** O que aconteceu depois da Ressurreição de Jesus?
- **c)** Qual a missão que Jesus dá a seus discípulos? Qual a promessa feita?

### Compreendendo a Palavra

*Este texto do Evangelho de Marcos nos oferece um resumo das aparições de Jesus, possibilitando, desse modo, crer na Ressurreição e em poder estar com Ele. Mesmo assim, alguns não acreditam, por isso Jesus se manifesta, permitindo reconhecê-lo. O túmulo vazio encontrado pelas mulheres é uma exigência de fé na Ressurreição, e Maria Madalena vai anunciar essa verdade aos discípulos, preparando-os para acolher o Ressuscitado que vai ao encontro deles reunidos. A acolhida na fé e o Batismo como sacramento da fé são os sinais que acompanharão os que creem. Os discípulos deixaram suas inseguranças e partiram para pregar e anunciar com gestos e palavras a nova vida que Deus lhes ofereceu por meio de seu Filho Jesus. Foram ser porta-vozes do que ouviram e viram, na certeza da promessa de Jesus, que garante sua presença constante para fortalecê-los na fé e na missão.*

### Para aprofundar e refletir

Sendo o domingo o dia consagrado por Deus como nossa Páscoa semanal, o Papa São João Paulo II enfatiza que o Dia do Senhor é também o "dia da Igreja", ou seja, na celebração dominical da Eucaristia encontramos a unidade de todo o Corpo Místico de Cristo que forma o Povo de Deus a caminho. Sem a unidade em torno da Eucaristia, não encontraremos a comunhão verdadeira com a Santíssima Trindade; não haverá uma comunidade paroquial coesa; não haverá famílias verdadeiramente cristãs sem a mesa da Palavra e da Eucaristia. Quando pais e filhos têm como ponto fundamental de encontro o Altar do Cordeiro, e não outras coisas, tudo muda! Quando o início de tudo em uma semana é a missa dominical, a graça de Deus se torna propícia para realizarmos os feitos santos em todas as realidades nas quais estamos.

Ler e meditar o que dizem os números 35 e 36 da Carta apostólica *Dies Domini*, de São João Paulo II.

## 4. MEDITANDO A PALAVRA

Convidar a refletirem a partir das seguintes perguntas:
- ✓ Como nós, hoje, podemos continuar a missão de Jesus?
- ✓ Qual o sinal que nos diz que pertencemos à sua Igreja?
- ✓ No Batismo, fomos incorporados ao corpo místico de Jesus e assim pertencemos à sua Igreja. O que isso significa para nós?

Pedir que alguém deite sobre o papel e fazer o contorno do corpo do voluntário. Depois, colar a imagem do rosto de Jesus na cabeça e as imagens dos demais rostos ao longo do corpo do desenho. Ao terminar, explicar o que representa a imagem: Jesus é a cabeça da Igreja, e nós, as pessoas, o corpo. Motivar cada um a contemplar a imagem enquanto cantam uma música com o tema sobre o que é ser Igreja.

## 5. REZANDO COM A PALAVRA

Orientar todos a refletirem sobre o que o encontro de hoje faz você dizer a Deus?

Pedir que, em silêncio, olhando para o corpo que tem Cristo como cabeça, cada um faça sua oração e a escreva. Depois, pedir que espontaneamente apresentem suas preces, e, como resposta, dizer:

**Todos:** *Senhor, ensina-nos a ser Igreja.*

Após concluir as orações, orientar todos a repetirem *Nós queremos ser a Igreja de Jesus*. Conduzir para, de mãos dadas, rezarem a oração do Senhor: *Pai nosso...*

## 6. VIVENDO A PALAVRA

Motivar todos a se comprometerem a participar das celebrações em sua comunidade ou de algum grupo de pastoral, anunciando assim Jesus Ressuscitado.

## 27º ENCONTRO

# BATIZADOS EM NOME DO PAI E DO FILHO E DO ESPÍRITO SANTO

*Sentido do encontro*

O encontro de hoje nos ajudará a compreender o sentido do nosso Batismo. No Batismo de Jesus, entendemos o nosso Batismo. Assim como o Pai o exaltou como "Filho amado", quer que nós vivamos com a dignidade de filhos, como sinal de seu amor por nós (cf. 1Jo 3,1). O Batismo é o mais belo dom de Deus, dom porque é conferido àqueles e àquelas que nada trazem; graça, porque é dado até aos culpados; Batismo, porque o pecado é sepultado na água; unção, porque é sagrado e régio; banho porque lava. O banho batismal expressa o início de uma nova identidade, da vida nova que, assinalados em nome da Trindade, nos torna membros da família de Cristo, isto é, da Igreja.

*Objetivo*

Assimilar que o Batismo é um ato de amor da Trindade para conosco.

*Ambientação*

Água, Círio Pascal, Bíblia.

*Acolhida*

Acolher com alegria a cada catequizando, chamando-o pelo nome.

## 1. OLHANDO PARA A VIDA

Recordar o tema e o compromisso do encontro anterior.

## 2. ORAÇÃO INICIAL

*Acende-se o Círio ou uma vela...*

Orientar a fazerem o sinal da cruz e rezar com o grupo a oração:

*Ó Pai, nós vos agradecemos porque, pelo Batismo, nos tornastes vossos filhos e filhas. Fazei com que vivamos dignamente esse dom e sejamos vossas testemunhas. Por Cristo, nosso Senhor. Amém.*

Preparar um canto para aclamar o Evangelho que será proclamado.

## 3. ESCUTANDO A PALAVRA

Proclamar o Evangelho segundo São Mateus 3,13-17.

Solicitar que releiam o texto em silêncio.

Pedir que reflitam e façam anotações contando a história com suas próprias palavras, a partir das questões:

- **a** O que o texto diz?
- **b** O que lemos?

Pedir a cada um para destacar o versículo de que mais gostou.

### Compreendendo a Palavra

*No relato, Jesus vem da Galileia para receber o Batismo. João batizava, e Jesus se junta ao grupo, sem buscar privilégios por ser Jesus, como o próprio texto aponta no diálogo entre Jesus e João: "Sou eu que preciso ser batizado por ti e tu vens a mim?". Jesus responde: "Deixa que se cumpra toda a justiça" (Mt 3,14-15). Ao receber o Batismo, o Pai o apresenta como o verdadeiro Messias que atende à expectativa do povo, assumindo a sua missão profética. Ao ser batizado, "os céus se abriram" e uma voz se ouviu: "Este é meu filho amado, escutem o que ele diz" (Mt 3,17). Jesus, vindo de uma cidadezinha insignificante, é, na verdade, o Filho de Deus. Nasce aqui sua missão e o tipo de messias que ele quer ser. A exemplo de Jesus, todo batizado também precisa fazer sua escolha de viver o Batismo conforme os valores do Evangelho, sob a inspiração do Espírito de Deus, deixando de lado o egoísmo para anunciar com fidelidade a verdade e denunciar as injustiças presentes em nossa vida e na sociedade.*

### Para aprofundar e refletir

O Batismo é o nosso mergulho na vida da graça. Segundo o Catecismo, tem alguns outros nomes que expressam sua natureza: dom, graça, unção, iluminação, veste de incorruptibilidade, banho de regeneração, selo. Por meio do Batismo, nos tornamos santos, pois passamos a ser filhos de Deus na Igreja para anunciar ao mundo a vitória de Cristo sobre o pecado e a morte. Na celebração do Batismo, fazemos promessas e as renovamos todos os anos na Vigília Pascal. Tais promessas consistem em renunciar ao mal para vivermos a fé que professamos. Pela fé, conhecemos o amor de Deus, que é a caridade plena. A graça que recebemos no Batismo nos torna mais abertos à caridade, que é amar como Deus ama, especialmente aquele que não pode nos retribuir ou quem está atribulado.

Ler e meditar o que diz o número 1213 do Catecismo da Igreja Católica.

## 4. MEDITANDO A PALAVRA

Motivar a refletirem a partir das questões:
- ✓ O que significa ser batizado?
- ✓ O que o Batismo muda em nossa vida?
- ✓ Como os cristãos batizados vivem o seu Batismo no cotidiano de sua vida?

## 5. REZANDO COM A PALAVRA

Explicar que o Batismo nos torna novas criaturas em Cristo. Como filhos amados, incorporados à família de Deus, vamos pedir perdão pelas vezes que não agimos como filhos amados e negamos a imagem de Jesus em nós (*reservar tempo de silêncio para que cada um medite*).

Em seguida, solicitar que registrem a sua oração para voltar a rezar sempre que sentirem necessidade.

Convidar cada catequizando a se lavar, tocando na água preparada para a realização desse gesto.

**Canto**: preparar um canto que expresse o que foi refletido sobre o Batismo.

Encerrar este momento rezando juntos a oração do Pai-nosso.

## 6. VIVENDO A PALAVRA

Orientar que cada um procure em casa fotos ou lembranças do seu batizado e o nome dos padrinhos, buscando conhecer mais de sua história de cristão.

Explicar para fazerem uma pesquisa, com os pais, vizinhos ou conhecidos, perguntando:
- ✓ Por que batizaram seus filhos?
- ✓ Que motivos os levaram a pedir à Igreja o Batismo?

**28º ENCONTRO**

# A MISSÃO DE JESUS: ANÚNCIO DO REINO

*Sentido do encontro*

Após ter sido batizado por João nas águas do Jordão, Jesus anuncia a boa-nova, leva a boa notícia a todos: crianças, pecadores, mulheres, doentes; a todas as cidades e aldeias; às sinagogas e ao templo. Em toda sua palavra e em seu ensinamento, anunciava o Reino de Deus, Reino de amor, paz, alegria, igualdade e fraternidade.

*Objetivo*

Compreender a missão de Jesus e a nossa missão como cristãos batizados, seguidores de Jesus.

*Ambientação*

Bíblia, vela, imagens de jornais ou revistas, fotos de realidades que precisam ser transformadas em sinais do Reino de Deus, e um pote com água.

*Acolhida*

Acolher a cada um, com alegria.

## 1. OLHANDO PARA A VIDA

Iniciar conversando sobre a nossa vida, a nossa realidade.
Questionar:
- ✓ Como vivemos o compromisso do encontro anterior? Lembramos o que assumimos?
- ✓ Quais são as realidades, as situações, que não são expressões do Reino de Deus, presentes em nossas famílias, na escola, na comunidade e na sociedade?

## 2. ORAÇÃO INICIAL

*Acende-se a vela...*

Selecionar um refrão para cantar que ajude os catequizandos a se prepararem para a oração.

Motivar a fazerem o sinal da cruz.

Convidar para olharem para o centro do nosso espaço e perguntar: o que identificam? Quais os sinais, os exemplos da realidade, que vemos? O que eles nos dizem? Gostamos dessa realidade? (*deixar conversarem*).

Encerrar este momento rezando com o grupo: *Glória ao Pai, ao filho e ao Espírito Santo...*

## 3. ESCUTANDO A PALAVRA

Proclamar o Evangelho segundo São Lucas 4,14-22.

Solicitar que releiam o texto.

Pedir que reflitam e anotem, recontando a história com as próprias palavras e a partir dos seguintes passos:

- **a** O que aconteceu na sinagoga
- **b** Qual foi a reação dos que o escutavam?
- **c** Em silêncio, retome o texto e destaque as palavras, os gestos e as expressões que mais chamaram sua atenção.

### *Compreendendo a Palavra*

*O Evangelho que ouvimos hoje nos apresenta um resumo da prática de Jesus de Nazaré. Ele vivia em meio a seu povo, participando de sua vida de fé. Ensinava nas sinagogas da Galileia, na periferia da Palestina. Toda sua missão é movida pelo dinamismo do Espírito Santo de Deus. Seu ensinamento é um serviço na construção do Reino de Deus, Reino de vida, de libertação de todas as formas de opressão e de promoção da vida para todos. Após ter vivido sua vida em Nazaré, no silêncio, na privacidade, no trabalho simples de carpinteiro, agora se apresenta em público, inicia sua vida pública. Entra na sinagoga, lugar de oração, de estudo da palavra da comunidade judaica, e pela força do seu Batismo. Era conhecido e respeitado por todos, mas não como o Salvador, o Filho de Deus. "O Espírito do Senhor está sobre mim, pois ele me ungiu para anunciar a boa notícia aos pobres: enviou-me para proclamar a libertação aos presos (Is 61,1) e, aos cegos, a recuperação da vista (Is 35,5); para dar liberdade aos oprimidos (Is 58,6) e proclamar um ano de graça do Senhor (Is 61,2)". Essa missão de libertar vem do Deus da vida, pois é conferida a Jesus pelo próprio Espírito do Senhor, por quem já fora ungido como o Messias por ocasião do seu Batismo, que é o sinal de sua adesão plena ao projeto do*

*Pai. A missão do Messias é de esperança de vida digna, certamente para todas as pessoas, mas especialmente para quem está excluído da cidadania. Em quatro afirmações, Jesus faz memória da profecia de Isaías para descrever em que consiste a sua missão de anunciar uma boa notícia aos pobres.*

### Para aprofundar e refletir

No encontro passado, afirmamos que o Batismo nos concede amar como Deus ama, especialmente aquele que não pode nos retribuir ou quem está atribulado. Quem tem fé, fica inquieto com pessoas que estão sendo injustiçadas por diversas situações inaceitáveis. O seguidor de Cristo, sem declarar guerra, não se cala diante das diversas cenas de desprezo da dignidade humana, conforme nos admoestam os profetas. Aceitar que pessoas vivam na miséria e na exclusão social sem se incomodar demonstra que não fomos tocados pela graça de Deus. O cristão leigo é chamado a se envolver nas diversas estruturas da sociedade, das mais simples às mais complexas, por exemplo, associação de bairro até a política municipal, estadual ou federal, a fim de levar a força do Evangelho do amor às consciências mais embrutecidas com a realidade dos sofredores.

Ler e meditar o que diz o número 169 do Documento de Santo Domingo.

## 4. MEDITANDO A PALAVRA

Motivar a refletirem a partir das seguintes questões:
- ✓ O que a Palavra diz para você e para nós hoje?
- ✓ Para quais grupos Jesus foi enviado, conforme lemos no Evangelho?
- ✓ Que convite a Palavra faz para você e para os batizados?
- ✓ Para quem Jesus foi boa notícia?

## 5. REZANDO COM A PALAVRA

Orientar a refletirem sobre: o que a Palavra faz você dizer a Deus? Qual pode ser a sua oração em resposta à Palavra?

Encaminhar para que cada um faça sua oração em forma de preces, de louvor, de perdão, e a escreva.

Comentar: Jesus, ao ser batizado, assumiu sua missão. Assim também nós, pelo Batismo, assumimos a missão de anunciar o Reino, como Jesus. Por isso, confirmando que a nossa missão vem do Batismo que recebemos, aproximemo-nos da água que foi preparada para este momento pedindo a força do Espírito para renovar nosso compromisso de viver com empenho nossa missão batismal.

Selecionar um canto sobre Batismo para cantar enquanto os catequizando aproximam-se da água.

Convidar para rezarem juntos o Salmo 146, na Bíblia.

Concluir o momento com a oração do Pai-nosso.

## 6. VIVENDO A PALAVRA

Comentar: depois de termos rezado e meditado neste encontro sobre a Missão de Jesus e o anúncio do Reino, que compromisso podemos assumir esta semana, a partir das perguntas:
- ✓ Como podemos viver a missão de batizados?
- ✓ Como anunciar a boa notícia do Evangelho de Jesus?

## 29º ENCONTRO

# JESUS CONTINUA CHAMANDO E ENVIANDO

### Sentido do encontro

Jesus continua escolhendo e chamando pessoas a se juntarem aos dispostos a anunciar a boa-nova. Ele chama, reúne, organiza e faz com eles a experiência da solidariedade com os doentes e abandonados da sociedade e da partilha do pão. O grande anúncio a ser feito é o próprio Reino de Deus: "o Reino de Deus está próximo". Como no tempo de Jesus, hoje também nós somos enviados a anunciar o Reino e fazer outros discípulos, pois diz Jesus: "A messe é grande e os trabalhadores são poucos". Interessante perceber que Jesus não quer agir sozinho, mas vai aos lugares, às aldeias, reúne pessoas e lhes confia a missão, integrando-os ao grupo. São pessoas simples, mas trabalhadores, pessoas de coração bom.

### Objetivo

Reconhecer que todos somos chamados a nos tornarmos discípulos missionários de Jesus.

### Ambientação

Cadeiras em círculo, vela, Bíblia, uma rede e/ou barco (que pode ser uma figura ou de brinquedo).

### Acolhida

Receber cada um dos catequizandos com um caloroso abraço.

## 1. OLHANDO PARA A VIDA

Comentar: no encontro anterior, conversamos sobre a missão de Jesus e o anúncio do Reino. Vamos hoje iniciar nosso encontro partilhando o que foi importante para cada um, o que aprendemos e o que conseguimos viver nesta semana.

## 2. ORAÇÃO INICIAL

*Acende-se a vela...*

**Canto**: *Quem é que vai? Quem é que vai? Quem é que vai nesta barca de Jesus, quem é que vai?* (Pe. Marcelo Rossi).

Motivar a fazerem o sinal da cruz e rezarem juntos a oração:

> Senhor Jesus, somos teus amigos, queremos estar sempre contigo, aprender com tua Palavra a sermos teus discípulos. Nós te pedimos, abre nossa mente, nosso coração, para podermos acolher teus ensinamentos, aprender a te seguir e a sermos teus fiéis discípulos. Afasta de nós o medo, o desânimo e dá-nos tua luz e tua força. Amém.

Preparar um canto para aclamar o Evangelho que será proclamado.

## 3. ESCUTANDO A PALAVRA

Proclamar o Evangelho segundo São Lucas 10,1-16.

Orientar que leiam uma, duas vezes, até compreenderem bem.

Conversar a partir das questões e depois solicitar que reflitam e anotem as principais informações, destacando:

- **a)** O que diz o texto? Quem Jesus chama e envia?
- **b)** O que mais chamou atenção?
- **c)** A quem são enviados os discípulos?
- **d)** O que devem anunciar?

### *Compreendendo a Palavra*

*Jesus envia um novo grupo, 72 discípulos. Esse número é simbólico e quer significar que todos, sem exceção, são enviados para preparar o Reino de Deus. Isso nos mostra que a missão não é responsabilidade de apenas algumas pessoas, mas todos que creem em Cristo e podem ser mensageiros do Reino. Nessa missão, os discípulos são enviados dois a dois para que o seu testemunho e o anúncio do Evangelho sejam apresentados não como algo individual, mas em nome do Reino, e como tarefa que envolve toda uma comunidade. Ainda o envio dois a dois propicia para que um seja suporte ao outro mediante as dificuldades, o cansaço e/ou desânimo. É importante na missão a dimensão da oração, pedir ao Senhor da messe que envie mais trabalhadores, visto que a missão é grande, é imensa, pois, embora todos sejam convidados, aqueles que decidem assumi-la são poucos.*

*Jesus, ao fazer o envio, deixa claro que o trabalho em favor do Reino é tarefa árdua e difícil, por isso lhes disse: "Eis que vos envio como cordeiros para o meio de lobos" (Lc 10,2). Isso porque os enviou para pregar em uma sociedade cheia de conflitos, e aqueles que seguem Jesus devem ser mansos como cordeiros e não podem competir com mesmos os meios usados pelo mundo. Ao pregar que está chegando o Reino de Deus, devem fazê-lo anunciando a paz que vem com ele. Essa paz vem acompanhada de curas, é uma síntese do bem que vem de Deus. A paz está ainda associada a animar as pessoas, motivá-las a sempre e cada vez mais buscar viver no caminho do Reino. Mas é imprescindível compreender que o Reino de Deus é uma pessoa: Jesus. Aquele que o acolhe encontra a paz e o caminho de vida e missão.*

## Para aprofundar e refletir

Pelo Batismo, vida da graça, nos tornamos discípulos de Cristo para fazer a sua vontade. Seguimos a Cristo incorporados na comunidade dos missionários de Cristo, que é a Igreja por Ele instituída no mundo, a partir da cruz, a fim de ser o sacramento de salvação para todos. Renascemos para levar mais pessoas a serem membros do Corpo de Cristo. Todo batizado, com seus dons e talentos recebidos na abluição da água da fonte batismal, é chamado por Cristo, convocado para participar do anúncio do Ressuscitado em todos os meios onde ele estiver, seja no campo ou na cidade, seja na família, na escola, no trabalho, no lazer, na universidade, entre os vizinhos ou amigos: para todos devemos anunciar a alegria de ter encontrado Cristo e feito de si discípulo do Salvador do mundo (Jo 4,42).

Ler e meditar os números 348 e 349 do Documento de Aparecida.

## 4. MEDITANDO A PALAVRA

Incentivar todos a refletirem a partir das questões:
- ✓ O que nos ensina a Palavra de Deus hoje?
- ✓ Há cordeiros e há lobos hoje? Onde? Como os identificamos?
- ✓ Estamos abertos ao chamado que Jesus nos faz e à missão para a qual nos envia?
- ✓ Os discípulos, dois a dois, foram enviados a anunciar o Reino e a desejar a paz. Qual é a boa notícia que anunciamos ou que ouvimos a cada dia? Que notícias o mundo nos apresenta?
- ✓ Entendemos o que é ser discípulo de Jesus?

## 5. REZANDO COM A PALAVRA

Preparar um canto que contemple a importância da Palavra para ajudar os catequizandos a formarem um clima de oração.

Motivar a buscarem respostas para a questão: o que a Palavra faz você dizer a Deus? Que oração surge dentro de você?

Orientar a realizarem preces espontâneas de súplica, de louvor ou de perdão.

A cada prece, dizer: *Envia-nos Senhor.*

Fazer o convite para juntos bendizer ao Senhor, porque Ele nos ama e nos chama a cada dia para sermos discípulos de Jesus, rezando o Salmo 34, na Bíblia (*cada um pode rezar um versículo*).

## 6. VIVENDO A PALAVRA

Comentar: este encontro foi um convite a sermos discípulos de Jesus. O que vamos fazer esta semana para responder a esse convite?

## 30º ENCONTRO

# JESUS ENSINA SEUS DISCÍPULOS A REZAR

### *Sentido do encontro*

Jesus viveu uma profunda relação com o Deus Pai e nos ensina que rezar é importante para podermos estar em comunhão com Deus e com os irmãos. Era uma prática constante, Ele buscava estar em comunhão com o Pai pela oração. A oração que Jesus nos deixou nos faz chamar a Deus de Pai, colocando-nos na condição de irmãos e irmãs. Em Deus, colocamos nossa vida, nossas alegrias e nossas dores. Neste encontro, vamos compreender melhor essa oração.

### *Objetivo*

Identificar a necessidade da oração e o grande ensinamento que a Oração do Senhor nos dá.

### *Ambientação*

Cadeiras em círculo, vela, Bíblia e uma frase escrita com o tema do encontro: *Jesus ensina seus discípulos a rezar*. Imagens ou recortes de jornais com pessoas rezando.

### *Acolhida*

Acolher com alegria os catequizandos e preparar um canto de acolhida para manifestar a alegria de estarem juntos novamente.

## 1. OLHANDO A VIDA

Introduzir a conversa retomando o encontro anterior e perguntando: o que fizemos esta semana para sermos discípulos de Jesus?

Comentar: hoje, em nosso encontro, vamos conhecer e entender melhor o que e como Jesus ensinou seus discípulos a rezar.

Promover uma conversa a partir das questões:
- ✓ Quando nós rezamos? Como costumamos rezar? Sozinhos ou em casa?
- ✓ Qual a importância que damos à oração?

## 2. ORAÇÃO INICIAL

*Acende-se a vela...*

Façamos um momento de silêncio e fiquemos em oração pessoal com Deus.

Rezemos juntos, de mãos dadas, a oração que Jesus nos ensinou e que hoje vamos aprofundar e conhecer melhor: *Pai nosso...*

Apresentar um canto para aclamar o Evangelho que será proclamado.

## 3. ESCUTANDO A PALAVRA

Convidar para que, em pé, ao redor da Palavra de Deus, preparem-se para escutar o Evangelho com muita atenção.

Proclamar o Evangelho segundo São Mateus 6,5-13.

Ler novamente o Evangelho, propondo que cada catequizando leia um versículo.

Convidar a reler o texto, em mutirão, destacando os pedidos que fazemos a Deus nessa oração.

Orientar que reflitam e registrem suas compreensões a partir das seguintes questões:
- **a)** Quem fala no texto e a quem se dirige?
- **b)** O que chamou mais nossa atenção?

### Compreendendo a Palavra

*A oração do Pai-nosso é ompleta, a mais perfeita que Jesus nos ensinou. Em certa ocasião, disse aos seus discípulos: "quando rezardes, não multipliqueis muitas palavras, mas dizei assim...", e ensinou essa oração. Na primeira parte do Pai-nosso, dizemos: Pai nosso que estás no céu – santificado seja teu nome – venha o teu Reino – seja feita a tua vontade. Com isso, entendemos como deve ser nossa relação com Deus. Ele é nosso Pai, Ele nos ama como filhos. Em nossa vida, somos chamados a santificar o nome de Deus, a não usar o seu nome para o mal, para criar divisões, mas para unir. Colocamo-nos numa atitude de filhos que desejam buscar sempre fazer a sua vontade e construir no meio de nós um reino de paz, alegria, igualdade e fraternidade. Já a segunda parte do Pai-nosso é uma relação com os irmãos e irmãs, que devemos pedir a Deus em nossa oração. São quatro pedidos: o pão de cada dia – sustento para a vida – o perdão, a proteção para não nos deixar cair na tentação e que nos livre dos perigos.*

*Para aprofundar e refletir*

A oração é a relação que estabelecemos com Deus. Ninguém é amigo de alguém se não tem encontros constantes. Da mesma forma com Deus: se não rezamos, significa que não acreditamos em Deus da forma como Ele quer ser acreditado, ou seja, vivo, presente, ao Pai. É por isso que Jesus, sendo Deus, rezava, pois sentia a necessidade de estar próximo do Pai, no silêncio, na meditação, na contemplação. Para rezar, como Jesus, precisamos nos retirar para lugares propícios: na Igreja, no quarto ou algum outro lugar da casa, no campo, com horários marcados. Que rezar se torne uma rotina para o discípulo de Cristo e se torne o alimento principal. Que não sejamos pessoas que fazem oração, mas sejamos a pessoa feita oração. Que nossa vida seja moldada por Deus na oração. Que na oração possamos ouvir a voz do Pai que nos chama à caridade, o amor ágape, oblativo, que se doa sem reservas. Assim como temos horários específicos para a alimentação, o banho, acordar, dormir, entrar na sala de aula, tenha como primeiro objetivo um horário para a oração. Uma oração profunda, demorada, um diálogo com Deus onde pedimos "seja feita a sua vontade, assim na Terra como no céu". Que nossa oração nos leve à obediência a Deus, sempre!

Ler e meditar o que diz o número 2601 do Catecismo da Igreja Católica.

## 4. MEDITANDO A PALAVRA

Orientar os catequizandos a retomarem a oração do Pai-nosso e refletirem a partir das seguintes questões:
- ✓ Qual o ensinamento que ela nos dá?
- ✓ Quais os apelos e o convite que essa oração nos faz para melhor vivermos, conforme Jesus nos ensina?
- ✓ Em nossa vida, em nossa família, na sociedade, na relação com as pessoas, quais são os aspectos dessa oração que mais nos são fracos, que não vivemos ou deixamos de lado?

## 5. REZANDO COM A PALAVRA

Conduzir a reflexão com o questionamento: que oração fazemos a Deus hoje? (*reservar um tempo para cada um fazer sua oração e seu diálogo com Deus*).

Solicitar que anotem a própria oração e depois a compartilhem com o grupo em forma de pedidos e súplicas. Após cada oração, todos respondem: *Senhor, ensina-nos a rezar*.

Orientar que formem um círculo, todos abraçados, rezando e cantando com muita calma a oração do Pai-nosso.

## 6. VIVENDO A PALAVRA

Comentar: o encontro de hoje nos ensinou muitas coisas: atitudes, gestos e como rezar.

Explicar que como compromisso para esta semana, cada um deverá escolher uma parte do Pai-nosso para viver em casa, com os amigos... Cada um deverá escrever o compromisso que vai assumir, o que mais precisa em sua vida, por exemplo: aprender a perdoar, agradecer o pão de cada dia, buscar descobrir a vontade de rezar etc.

**31º ENCONTRO**

# JESUS MESTRE DE ORAÇÃO

*Sentido do encontro*

É muito comum encontrar nos evangelhos Jesus rezando ao Pai, sozinho e com os discípulos. A oração faz parte da nossa vida e é uma das expressões mais bonitas e claras da nossa Igreja. Rezar é dialogar com Deus, é agradecer, suplicar, pedir. No livro dos Atos dos Apóstolos, encontramos que os apóstolos eram perseverantes na oração.

*Objetivo*

Aprender com Jesus a importância da oração e como rezar.

*Ambientação*

Bíblia, vela, um pão, quadro de Jesus rezando e figuras de pessoas se abraçando e que indiquem perdão.

*Acolhida*

Preparar uma boa acolhida aos catequizandos.

## 1. OLHANDO PARA A VIDA

Motivar a compartilharem os compromissos do encontro anterior, questionando: o que e como conseguiram viver daquilo que se propuseram? O que foi bom? Como poderia ter sido melhor?

Mencionar: hoje, em nosso encontro, vamos continuar falando da importância da oração e compreender melhor a oração que Jesus nos ensinou. Propor buscar respostas conversando sobre as perguntas:

- ✓ O que significa rezar?
- ✓ É importante rezar? Vale a pena?
- ✓ Hoje, com tanta coisa que temos a fazer, ainda é importante rezar? Vale mais a oração ou a ação?

## 2. ORAÇÃO INICIAL

*Acende-se a vela...*

Convidar a fazerem o sinal da cruz e rezar com o grupo a oração:

> *Jesus, tu ensinaste teus discípulos a rezar e os ensinaste o que deveriam rezar. Pedimos-te, ensina-nos a rezar como ensinaste aos teus discípulos. Queremos aprender de ti que és Mestre de oração. Amém.*

## 3. ESCUTANDO A PALAVRA

Proclamar o Evangelho segundo São Lucas 11,1-4.

Pedir para alguém do grupo proclamar o texto uma segunda vez.

Solicitar que cada um destaque uma frase ou a expressão de que mais gostou e a anote.

Pedir a cada um que reflita e anote:

- **a)** A frase ou expressão que mais gostou.
- **b)** O que rezou nesse texto bíblico? O que pediu?

### Compreendendo a Palavra

Ver Cristo rezando impressionava muito os discípulos, tanto que um deles lhe pediu: "Senhor, ensina-nos a rezar, como também João ensinou a seus discípulos" (Lc 11,1). Era costume que os mestres ensinassem a oração aos discípulos. E ainda hoje isso é parte da missão de quem deve ser mestre na fé para seus irmãos: sacerdotes, pastores de almas, catequistas. A oração do Pai-nosso nos ensina a orar ao Pai com amor filial, pois Ele é nosso Pai, que está acima de tudo, e seu nome deve ser santificado, e nós devemos viver conforme sua vontade aqui na Terra e no céu. No Pai-nosso, também pedimos o pão cotidiano para todos, isto é, que as necessidades básicas da pessoa humana sejam atendidas. Pedimos que o Pai nos perdoe, assim como nós devemos ter a capacidade de perdoar a quem nos ofende. Também somos chamados a construir o Reino de Deus aqui no meio de nós hoje e sempre.

### Para aprofundar e refletir

Aprendemos com Jesus chamar Deus de Pai. Qual o motivo de Jesus iniciar a sua oração chamando Deus assim? Simples! Ele quer que sejamos familiares de Deus, próximos a Ele, que se faz próximo de nós. Claro, devemos estar diante de Deus como Moisés e os Patriarcas da fé, com temor e adoração, mas não podemos tê-lo distantes de nós, afastado, sem interesse pela humanidade. Isso explica que o Papa Francisco diz, em uma de suas reflexões, que: "essa é uma revolução difícil de acolher na alma humana" (FRANCISCO, 2017c), pois estamos sempre distantes do Pai, isto é, não ressuscitamos com Cristo para uma vida nova de maneira concreta pelas atitudes e formas de viver.

> Ler e meditar a Audiência Geral do Papa Francisco do dia 7 de junho de 2017, sobre a relação de Jesus com a oração que fez com que seus discípulos pedissem para ser iniciados nela, disponível na internet.

## 4. MEDITANDO A PALAVRA

Motivar uma reflexão a partir das questões:
- ✓ O que a Palavra de Deus diz para cada um de nós hoje?
- ✓ Quais são os apelos que a oração ensinada por Jesus faz a cada um de nós?
- ✓ Quais são as maiores necessidades no mundo atual presentes na oração do Pai-nosso?
- ✓ O que precisamos pedir hoje, de modo insistente, ao Senhor (*alimentos, paz, perdão, que nos livre do mal...*)?

## 5. REZANDO COM A PALAVRA

Orientar os catequizandos a procurarem responder: o que a Palavra me faz dizer a Deus hoje? Que oração desejamos dizer ao Pai?

Motivara, diante do quadro de Jesus, cada um fazer sua oração silenciosamente.

Comentar: cada um de nós tem seus problemas e necessidades. Vamos pensar em silêncio, sobre eles. Pensemos em Deus, que é nosso Pai amoroso, que nos quer perto dele e que neste momento está nos olhando, cuidando de nós.

Convidar a observarem o pão que foi previamente preparado e está no meio do grupo. Explicar que ele significa o alimento cotidiano para todas as pessoas.

Solicitar que cada um compartilhe as orações que escreveram espontaneamente com o grupo. Após cada oração, pedir para repetirem juntos: *Pai, atendei nosso pedido.*

Em seguida, o catequista toma nas mãos o pão, eleva a todos, estendendo a mão, e incentiva-os a dizerem ou cantarem: *A mesa tão grande e vazia de amor e de paz.../ Pão, em todas as mesas...* (Zé Vicente).

Partir o pão e distribuir aos catequizandos, em silêncio.

Concluir o gesto com o canto: *Dai-lhes vós mesmos de comer* ou outro à escolha.

Motivara, com muita confiança, erguendo os braços, rezarem: *Pai nosso...*

## 6. VIVENDO A PALAVRA

Orientar que pensem no compromisso que a reflexão desse encontro os leva a assumir individualmente e como grupo: qual parte do Pai-nosso vamos viver com mais dedicação e ânimo nesta semana?

Analisar como grupo e cada um, em particular, fazer a sua escolha.

- ✓ Lembrar a todos da celebração da entrega da Oração do Senhor.
- ✓ Definir o dia e o horário, enviar o convite para que os pais ou responsáveis participem.
- ✓ Preparar com antecedência a celebração, providenciando os cartões da entrega da oração.

## 32º ENCONTRO

# JESUS NOS ENSINA A PERDOAR

*Sentido do encontro*

O amor de Jesus acolhe todo coração disposto à conversão. É importante lembrar que não cabe a ninguém julgar o próximo, pois somente o Senhor conhece cada coração. A mulher foi perdoada porque muito amou. Esse ensinamento de Jesus nos leva a olhar a nossa vida, ver como somos capazes de amar, de perdoar, de acolher as pessoas, mesmo aquelas que erram.

*Objetivo*

Aprender a amar e perdoar como Jesus.

*Ambientação*

Preparar várias imagens de pessoas se acusando, algumas pedras com tamanhos diferentes e flores.

*Acolhida*

Preparar uma recepção calorosa, para que todos se sintam acolhidos na alegria.

### 1. OLHANDO PARA A VIDA

Retomar os compromissos do encontro anterior.

Motivar o grupo a conversar sobre: o que sabem sobre o perdão? Como avaliam a atitude de perdoar em suas casas, na escola, com os amigos?

### 2. ORAÇÃO INICIAL

*Acende-se a vela...*

Motivar a dizerem ou cantarem o refrão: *Indo e vindo, trevas e luz, tudo é graça Deus nos conduz...*

Convidar a fazerem o sinal da cruz cantando.

Pedir aos catequizandos que observem as imagens e as pedras presentes no ambiente. Questionar: o que elas representam? O que sentimos ao vê-las?

Explicar: o amor é capaz de superar as desavenças, leva a perdoar e a pedir perdão com maior facilidade e é sobre isso que iremos conversar e aprender neste encontro.

Selecionar um canto para aclamar o Evangelho que será proclamado.

## 3. ESCUTANDO A PALAVRA

Proclamar o Evangelho segundo São João 8,3-11.

Pedir que releiam o texto e escolham algo para memorizar que percebem ser importante para suas vidas.

Conduzir para que reflitam e façam anotações a partir das perguntas:

- **a** O que o texto diz em si mesmo?
- **b** Que aspectos chamam mais a atenção?
- **c** O que os fariseus queriam fazer com a mulher?
- **d** O que Jesus os fez perceber? Por que Jesus perdoou a mulher?

### *Compreendendo a Palavra*

*No Evangelho de hoje, a pergunta dos mestres da lei tinha uma resposta clara segundo a Torá e a Tradição. Porém, existiam algumas conclusões que podiam colocar em situação crítica aquele que respondesse legalmente à pergunta solicitada. Caso Jesus desse uma resposta afirmativa, ele seria condenado pela autoridade romana como executor de uma sentença de morte à qual não tinha direito, e, portanto, seria punido como um assassino. Caso sua resposta fosse negativa, Jesus seria condenado como quem despreza a lei pátria e seu desprestígio seria máximo entre os judeus ortodoxos, com uma reputação totalmente negativa que o aniquilaria como Mestre em Israel.*

*Por isso, como bom Mestre, Jesus nada responde e se inclina para escrever no chão como quem desenha letras sem sentido na terra. Ele se desentende de um problema que não é seu e que não tem por que responder, pois ele não tinha testemunhado o adultério e não era juiz no caso. Como o caso era de morte, seria o Sinédrio quem o julgaria. Eram as testemunhas que deveriam atuar por meio da denúncia ao juiz e atirando as primeiras pedras, para que o povo respondesse, assim evitariam o mal que, do contrário, contaminaria todo o povo (Dt 22,22). É costume entre os árabes fazer traços com o dedo quando o que estão escutando não é de seu interesse. É possível que Jesus atuasse em consonância com essa última suposição. Por isso, os acusadores insistem.*

*Para entendermos a resposta de Jesus, devemos buscar precedentes na Tradição e na Lei. Já dissemos que são as testemunhas que deveriam ser as primeiras pessoas a atirar as pedras, que deviam ser dirigidas ao coração da vítima para acabar de imediato com sua vida. "Quem estiver sem pecado entre vós, atire a primeira pedra" (Jo 8,7). A lei divina foi transformada por esta sentença: sempre que o arrependimento for sincero e o acompanhado do propósito de não pecar mais, o perdão será absoluto. O passado é apagado e o futuro só depende do presente e das disposições do momento.*

## Para aprofundar e refletir

A pessoa renascida no Batismo, no caminho de sua vida, deveria viver pela ação constante da Graça, porém, temos consciência de que, pelo mau uso de nossa liberdade, cedida por Deus, caímos nas tentações do pecado que nos afastam do Pai. Contudo, Jesus, em sua sabedoria eterna, instituiu para nós o sacramento da Reconciliação, chamado também de Penitência ou Confissão. Esse sacramento restitui nossa comunhão com a Santíssima Trindade e com a Igreja, perdida pela ação do pecado. O pecado nos tira a esperança da vida eterna, pois nos faz acreditar apenas na felicidade nesta vida. Se pelo Batismo fomos despojados do velho homem, como não viver na expectativa da vida futura que o perdão dos pecados restitui?

Ler e meditar o que diz o número 1473 do Catecismo da Igreja Católica.

## 4. MEDITANDO A PALAVRA

Motivar uma reflexão, conversando com o grupo a partir das questões:
- ✓ Qual a importância do perdão para você e na sua vida?
- ✓ O que mais leva as pessoas a julgarem umas às outras?
- ✓ Como podemos superar o julgamento, acolher e perdoar?
- ✓ Na realidade de hoje, no mundo, nas famílias, vivemos situações de pessoas que acusam, julgam os outros e não sabem perdoar?

## 5. REZANDO COM A PALAVRA

Orientar a pensarem em silêncio sobre: o que essa Palavra que hoje refletimos nos faz dizer a Deus?

Convidar os catequizandos a escolherem e pegarem nas mãos alguma imagem ou pedra, disponível no encontro e dizer a um colega que talvez o tenha ofendido: "Eu perdoo você". Outra variação para essa atividade é solicitar que pensem em alguém que os ofendeu, rezem pela pessoa e repitam três vezes: *Eu perdoo você!*

Propor a todos um canto sobre misericórdia.

**Canto**: *Misericórdia, nosso Deus, perdão, misericórdia, tende compaixão* (bis) (Frei Luiz Turra).

Pedir a alguém do grupo que pegue as flores e entregue uma para cada catequizando com um abraço. Enquanto isso acontece, cantar com o grupo uma música sobre paz, escolhida previamente.

Encerrar este momento dizendo: no Pai-nosso, rezamos "perdoai-nos as nossas ofensas, assim como nós perdoamos a quem nos ofendeu". De mãos dadas, rezemos a Oração do Senhor, pedindo para que saibamos perdoar e sejamos perdoados pelas ofensas cometidas a Deus e aos irmãos.

## 6. VIVENDO A PALAVRA

Conduzir todos a pensarem no compromisso que este encontro os inspira a assumir, questionando-os: como podemos viver o perdão em nossa vida durante esta semana? *(cada um pode assumir o compromisso do exercício do amor em suas casas e com os amigos).*

- ✓ Recordar a celebração da entrega da Oração do Pai-nosso.
- ✓ Solicitar que os catequizandos anotem o dia, o horário e motivem seus familiares sobre a importância, da presença e participação.

## CELEBRAÇÃO DA ENTREGA DA ORAÇÃO DO SENHOR

> ✓ *Por quê? A Oração do Senhor significa o novo nascimento para a vida divina (cf. 1Pd 1,23).*
> ✓ *Com quem? Catequizandos que estão concluindo o primeiro tempo de catequese, catequistas, pais, padrinhos e comunidade reunida.*
> ✓ *Quem preside? Pároco ou vigário.*
> ✓ *Onde? Na celebração dominical da missa, com a participação da comunidade.*
> ✓ *Preparação: prever um cartão-simbólico com a Oração do Senhor, que deverá ser entregue a cada catequizando.*

### 1. RITOS INICIAIS

**Acolhida**: Irmãos e irmãs na fé em Jesus Cristo, sejam todos bem-vindos a esta celebração. Reunidos pela Palavra e pela Eucaristia, vamos experimentar mais um momento significativo da caminhada de fé dos nossos catequizandos. Concluída uma primeira etapa da caminhada de fé, eles expressam o desejo de dar mais um passo na decisão de seguir Jesus. Hoje, receberão a Oração do Senhor. É a oração, ensinada pelo próprio Jesus, o Pai-nosso. Desde o início de nossa Igreja, os que fazem a Catequese de Iniciação Cristã recebem, de modo solene, essa oração, selando com este rito o compromisso de viver, no dia a dia, o que foi ensinado e vivido por Jesus. Juntos, rezemos por eles e celebremos o mistério pascal de Jesus Cristo.

*Procissão de entrada: Catequizandos com seus pais e catequistas entram juntos.*

*Saudação e exortação do presidente: (quem preside, saúda cordialmente os catequizandos com estas ou outras palavras semelhantes).*

**Presidente:** Queridos catequizandos, vocês estão no caminho do seguimento de Jesus, conhecendo cada vez mais quem Ele é. Vocês foram chamados a serem amigos e amigas de Jesus e para viverem os mesmos sentimentos d'Ele. Estamos contentes, porque vocês fizeram um caminho de fé, aprendendo com Jesus a chamar Deus de Pai e a escutá-lo, como Jesus ensinou na oração do Pai-nosso. Hoje, rezamos especialmente por vocês.

### 2. RITO DE ENTREGA DA ORAÇÃO DO SENHOR

**Após a doxologia, antes da oração do Pai-nosso.**

*Catequista:* Aproximem-se do altar os catequizandos que receberão da Igreja a Oração do Senhor: o Pai-nosso.

*Os catequizandos se colocam de pé, em frente ao altar, voltados para o altar. Enquanto se aproximam, pode ser cantado.*

**Canto**: à escolha.

*Presidente:* Caríssimos catequizandos, vocês vão receber e rezar junto com à comunidade as palavras que o próprio Jesus ensinou aos seus apóstolos, e eles ensinaram a todos os seguidores de Jesus. Esta oração foi recebida por nós, esta comunidade que, agora, com muita alegria, passa para vocês rezarem todos os dias, como alimento e fonte de amizade com o nosso Pai.

> Como gesto expressivo de entrega, os catequizandos sobem ao presbitério e ficam de frente para a comunidade. Representantes da comunidade, catequistas, introdutores e outras pessoas colocam-se em frente ao presbitério, de frente para os catequizandos que estão no altar.

*Presidente:* Amigos e amigas, alguns representantes das forças vivas de nossa comunidade estão de frente para vocês, pois todos nós lhes transmitiremos aquilo mesmo que recebemos do Senhor Jesus Cristo.

> Presidente da celebração e membros da comunidade fazem a entrega da Oração.

*Presidente:* Agora, pausadamente, como irmãos e filhos queridos do Pai dos céus, de mãos dadas, rezemos todos juntos a Oração do Senhor (*ou pode-se cantar*):

*Presidente: Pai nosso que estais no céu...*

> Os catequizandos permanecem diante do altar, até a saudação da paz

> Após a celebração, em um local preparado anteriormente, celebra-se a partilha dos sentimentos e a confraternização com catequizandos, famílias, catequistas e introdutores.

**33º ENCONTRO**

# O DISCÍPULO DE JESUS FAZ A EXPERIÊNCIA DA MISERICÓRDIA

*Sentido do encontro*

Neste encontro, somos convidados a fazer a experiência com Deus, que, na sua infinita misericórdia, quer salvar a todos e se alegra com "um só pecador que se converte". O Papa Francisco diz que o "rosto de Deus é misericórdia". Como ovelhas do rebanho de Jesus, façamos a experiência de encontro com Ele, que nos quer mesmo em meio às nossas limitações.

*Objetivo*

Reconhecer a misericórdia de Deus, que ama a todos.

*Ambientação*

Dispor na sala de catequese recortes de figuras de ovelhas com o nome dos catequizandos, um lugar de destaque para a Palavra de Deus e uma imagem de Jesus Bom Pastor.

*Acolhida*

Receber a todos com muita alegria pela presença, perceber se alguém está faltando, procurar saber o porquê da ausência.

## 1. OLHANDO A VIDA

Conversar com os catequizandos sobre: como viveram esta semana? O que aconteceu de bom ou menos bom? Como exercitaram o perdão? Que fatos mostraram a dificuldade em perdoar?

> Se já aconteceu a celebração da entrega do Pai-nosso, conversar sobre o que aconteceu e como se sentiram.

## 2. ORAÇÃO INICIAL

*Acende-se a vela...*

**Canto**: *O Senhor é meu pastor, meu pastor, meu pastor* (bis). (Frei Luiz Turra).

Convidar para que se lembrem de alguma situação em que percebam que estão longe Deus.

Orientar cada um a pegar em sua mão a ovelhinha com seu nome, preparada para este encontro. Em seguida, com a ovelhinha na mão, convidar a traçarem o sinal da cruz e, espontaneamente, rezar pedindo a iluminação do Espírito Santo para se reconhecerem como ovelhas procuradas por Jesus, que as ama. A cada pedido, cantar ou rezar: *O Senhor é meu pastor, meu pastor, meu pastor* (bis).

## 3. ESCUTANDO A PALAVRA

Proclamar o Evangelho segundo São Lucas 15,1-7.

Convidar a relerem o texto.

Pedir que reflitam e façam anotações a partir das seguintes questões:

- **a** Do que o texto está falando?
- **b** Quais as personagens envolvidas no texto que acabamos de ler?

### Compreendendo a Palavra

*A parábola narrada por Jesus relata a experiência de um pastor que, tendo cem ovelhas, identificou estar faltando uma delas. Tratava-se de um pastor que sentia orgulho de suas ovelhas. Assim, a ausência de uma ovelha em seu rebanho gerou-lhe preocupação e ele saiu com pressa à procura daquela que se perdeu. Jesus destaca em sua narrativa que, após procurá-la, o pastor, a encontrando, colocou a ovelha sobre os ombros e manifestava muita alegria. Jesus declara ainda que o pastor reuniu convidados, amigos e vizinhos para festejar com ele a alegria de ter encontrado a ovelha perdida. Mas por que tudo isso por uma ovelha apenas, se ele tinha as outras? Por que sentia tanta alegria por reencontrar uma ovelha perdida, quando tinha mais noventa e nove? É aí que Jesus nos ensina a relacionar os fatos do cotidiano com a nossa experiência com Deus. Jesus explica que haverá maior alegria no céu por apenas um pecador arrependido do que para aqueles noventa e nove que não precisam se arrepender, pois estes já fazem parte de seu rebanho, já pertencem a Deus. No entanto aquele que se perde no caminho e depois se arrepende, voltando para Deus, esse sim causa alegria. Com isso aprendemos que, tal como o pastor se alegrou ao encontrar a ovelha perdida, Deus Pai se alegra mediante o arrependimento de um pecador perdido. Isso significa que os pecadores necessitam da misericórdia e do amor de Deus. Esse era o objetivo que fazia Jesus amar as pessoas e acolhê-las no seu grupo de discípulos e de amizade. Por sua vez, essa forma de Jesus agir não era compreendida por todos, especialmente por escribas e fariseus, que estavam limitados à sua situação de pecado e cegueira, justificada pela Lei, que os impedia de se arrependerem e de reconhecer Jesus como o Filho de Deus. No entanto Jesus não se desviava do seu objetivo e colocava-se como o pastor em busca da ovelha, ou seja, estava sempre em busca daqueles que precisavam de Deus. Assim, os que seguiam Jesus eram os que desejavam conhecer melhor a Deus e viver orientados por seus ensinamentos, realizando uma transformação em suas vidas. Já os escribas e fariseus o seguiam porque desejavam incriminá-lo por não seguir os preceitos religiosos.*

## *Para aprofundar e refletir*

Precisamos sempre contemplar o mistério da misericórdia. É fonte de alegria, serenidade e paz. É condição da nossa salvação. Misericórdia: é a palavra que revela o mistério da Santíssima Trindade. Misericórdia: é o ato último e supremo pelo qual Deus vem ao nosso encontro. Misericórdia: é a lei fundamental que mora no coração de cada pessoa, quando vê, com olhos sinceros, o irmão que se encontra no caminho da vida. Misericórdia: é o caminho que une Deus e o homem, porque nos abre o coração à esperança de sermos amados para sempre, apesar da limitação do nosso pecado (MV, n. 2).

No encontro passado, abordamos o perdão dos pecados. Por que confiamos que somos justificados por Cristo pelo perdão? Porque sabemos que Deus é amor, é misericórdia. E nós também devemos ser misericordiosos com os nossos semelhantes. Perdoar é um ato de nobreza interior. Perdoar é doação completa, pois esquecemos de nós mesmos pensando no outro. Perdoar é viver uma vida realmente divina, é colocar em ação a fé recebida no dia no nosso Batismo. Misericórdia é a fé agindo concretamente e que mostra que, de verdade, morremos para o velho homem e estamos na dinâmica do Espírito que a tudo dá vida e sabedoria. Sem misericórdia não há vida cristã!

*Ler e meditar o número 2 da bula de proclamação do jubileu extraordinário da misericórdia: Misericordiae Vultus.*

## 4. MEDITANDO COM A PALAVRA

Conversar com os catequizandos sobre os aspectos do texto que lhes chamaram a atenção.

- ✓ Quando precisamos ser resgatados por Jesus?
- ✓ Como Jesus vem ao nosso encontro, hoje?
- ✓ O que é para você a misericórdia de Deus?

## 5. REZANDO COM A PALAVRA

Motivar a refletirem sobre: o que vamos dizer a Deus hoje, a partir da Palavra que refletimos?

Conversar a respeito do texto sobre misericórdia, proposto para os catequizandos refletirem, em seus livros.

Orientar que cada um escreva uma oração atrás do desenho da ovelhinha que receberam.

Após terem escrito suas orações, solicitar que coloquem o desenho da ovelhinha com a oração perto da imagem de Jesus. Enquanto fazem esse gesto, motivar a cantarem a música: *Igual à ovelhinha* (Pe. Zezinho).

## 6. VIVENDO A PALAVRA

Comentar: uma vez que recebemos a misericórdia de Deus, somos chamados a apresentá-la e praticá-la com o próximo. Vamos assumir nesta semana o compromisso de sermos misericordiosos com as pessoas. Quem sabe procurar algum colega que não está participando dos encontros, que se afastou da comunidade, e ir ao encontro dele levando uma mensagem de paz, de acolhida e de alegria.

✓ Comunicar: agora teremos *duas semanas* de folga e retornaremos na primeira semana do mês de agosto, no mesmo dia e horário.

# ANEXOS

# 1

## O ANO LITÚRGICO

Nossa vida é medida por diversos meios, é dividida em anos, meses e dias. Nosso dia é dirigido com base no relógio: horas, minutos e segundos. Interessante que até se contam os décimos de segundos, por exemplo, nas corridas da Fórmula 1. Não temos como fugir disso. Divisão de anos, meses, dias, horas, minutos, centésimos de segundo... Nossa vida toda é comandada por esses critérios. Um suceder de dias, meses, anos... Na liturgia não é tão diferente. A liturgia tem também uma divisão interna, respeitando os tempos, as festas, as solenidades, os domingos... Vamos aprofundar.

O anúncio das festas móveis de cada ano, que deveria ser solenemente lido no domingo da Epifania do Senhor, assim expressa: "Irmãs e irmãos caríssimos, a glória do Senhor manifestou-se, e sempre há de manifestar-se no meio de nós, até a sua vinda no fim dos tempos. Nos ritmos e nas vicissitudes do tempo, recordamos e vivemos os mistérios da salvação". Nesse anúncio, leem-se todas as festas religiosas da Igreja que são móveis do ano correspondente, a saber: Páscoa, Corpus Christi, Pentecostes, Ascensão de Jesus aos céus, entre outras. O objetivo é anunciar que, naquele ano civil, Deus se faz presente, fazendo história conosco. A história de Deus perpassa a história humana, afinal, Deus se encarnou, viveu no meio de nós. O Ano Litúrgico acontece durante o ano civil, mas não se confunde com o ano civil. Para que possamos entender bem o que significa o Ano Litúrgico, vamos partir da citação acima.

Tudo começa com a Solenidade da Páscoa. E como se marca a festa da Páscoa? Não podemos nos esquecer de um detalhe muito importante: nossa Páscoa Cristã tem origem na Páscoa Judaica. E como se marca a Páscoa Judaica? A festa da Páscoa dos judeus é uma festa lunar, ou seja, é marcada a partir da posição da Lua, não do Sol. Para os judeus, segundo a Bíblia, é o dia 14 do primeiro mês, mês de *Nissan* (Lv 23,5). Mas por que nos baseamos na Páscoa Judaica para marcar a nossa Páscoa Cristã? No Evangelho de João, no capítulo 13, o capítulo do lava-pés, fala-se que "estava próxima a Páscoa dos judeus" (Jo 13,1). Ou seja, Jesus realiza o lava-pés e a ceia, que será a nossa Eucaristia, num contexto de Páscoa Judaica. Por isso, não podemos desprezar a Páscoa Judaica para marcar a nossa Páscoa Cristã.

O mês de *Nissan* coincide com os meses de março e abril. Assim, nossa Páscoa Cristã não pode acontecer antes do dia 22 de março e nem depois do dia 25 de abril, dias do mês de *Nissan*.

Mas a pergunta ainda não foi respondida: como se marca a Páscoa Cristã? O decreto do Papa Gregório XIII (que governou a Igreja de 1502 a 1585), seguindo o Concílio de Nicéia, que aconteceu no ano 325, diz que a Páscoa acontece no primeiro domingo depois da lua cheia que ocorre no dia 21 de março ou logo depois. Assim, fica fácil ver nas tabelas eclesiásticas em que dia será a Páscoa. Por isso, nossa

Páscoa Cristã nunca é num dia fixo, como o dia de Natal, que sempre cai no dia 25 de dezembro (*se bem que todos sabemos que Jesus não nasceu no dia 25 de dezembro, mas a data está fixada no calendário religioso e no calendário civil*).

Uma vez que entendemos esse processo de marcação da festa da Páscoa, podemos entender o restante do calendário do Ano Litúrgico.

## Ritmo Semanal e Ritmo Dominical

A Eucaristia, no início dos tempos apostólicos, era celebrada somente aos domingos, como a grande Páscoa semanal, assim como existe a festa da Páscoa uma vez por ano, quando se recorda a Paixão, Morte e Ressurreição do Senhor. Mas, celebrar uma vez por ano o mistério de Cristo era pouco. Por isso, surge, a cada Domingo, a necessidade de recordar a Ressurreição do Senhor, como se fosse o Domingo de Páscoa. Com o passar do tempo, surge a missa durante a semana (*as razões históricas desse avanço são controversas e não convém explicá-las aqui*).

Nesse ponto, é preciso dividir o modo da Eucaristia de modo que seja um pouco distante daquela dominical, surgindo então o ritmo semanal da Eucaristia.

## Como entender a missa de semana?

Durante a semana, temos um ritmo diferente nas leituras e nos Evangelhos, se comparado ao domingo (*estamos falando da Liturgia da Palavra; existem outras diferenças entre a missa de semana e a missa de domingo, como o hino de louvor/glória, só para usar por exemplo*). Na semana, o ano se divide, no lecionário, em ano par e ano ímpar. Tudo isso para que todos os fiéis se alimentem mais abundantemente das riquezas da Palavra de Deus (cf. SC, n. 51). Essa divisão entre ano par e ano ímpar vale para a primeira leitura e para o salmo de meditação ou responsorial. O Evangelho será sempre o mesmo, seja no ano par, seja no ano ímpar.

Na semana, ainda temos somente uma leitura e, o salmo de meditação ou responsorial e o Evangelho (*e não uma primeira leitura, um salmo responsorial, uma segunda leitura e o Evangelho, como no domingo*). Temos até um lecionário próprio, o lecionário semanal, que contém as leituras para as missas da semana.

## Qual a diferença da missa no domingo?

A diferença da semana para o domingo é que a Liturgia da Palavra no domingo não se divide em ano par e ímpar, mas se constitui de um ciclo de três anos: ano A, ano B e ano C. A expressão dessa divisão fica clara no Evangelho. No ano A, lemos o Evangelho de Mateus, no ano B, o de Marcos, e no ano C, o Evangelho de Lucas. E o Evangelho de João fica de fora? Não. Ele entra para complementar e reforçar algumas ideias que aparecem nos textos dos outros evangelistas. Aparece ainda nas festas durante o ano e que caem aos domingos[1].

---

1. Algumas solenidades e festas do Senhor que acontecem no domingo são celebradas no domingo mesmo. É o caso de Nossa Senhora Aparecida, padroeira do Brasil, Exaltação da Santa Cruz (14/09), entre outras.

O ciclo das leituras do Lecionário Dominical se compõe de uma primeira leitura do Antigo Testamento (*exceto no Tempo Pascal, quando lemos o livro dos Atos dos Apóstolos*), um salmo responsorial, uma segunda leitura do Novo Testamento e o Evangelho. Cada Ano Litúrgico tem seu ciclo de leituras próprias (*primeira leitura, salmo responsorial, segunda leitura e Evangelho, diferentemente no ciclo semanal, quando temos uma leitura e um salmo para cada ano, a saber, ano par e ano ímpar, mas o Evangelho é sempre o mesmo, sem distinção*).

## Mas quando começa e quando termina o Ano Litúrgico?

O Ano Litúrgico é diferente do ano civil. O ano civil começa no dia 1º de janeiro e termina no dia 31 de dezembro. O Ano Litúrgico não. Ele começa no primeiro domingo do Advento. Mas por quê? Porque, para celebrar a Solenidade da Páscoa, temos de saber como tudo começou.

O Tempo do Advento, que começou a ser celebrado por volta do século IV, marca o início da nossa salvação, pela intervenção de Deus na plenitude dos tempos (cf. Gal 4,4). Maria se torna a "serva do Senhor", aceitando ser a Mãe do Salvador.

E o Ano Litúrgico termina com a festa do Cristo Rei, no último domingo do Tempo Comum, com a coroação Jesus Cristo como Rei e Senhor da história. No Brasil, a celebração do Cristo Rei é também o dia dos leigos e leigas.

O Ano Litúrgico, além do ciclo comum, tem dois grandes ciclos que nos conduzem ao centro do mistério de Cristo: o Ciclo do Natal e o Ciclo Pascal.

## Os ciclos e os tempos do Ano Litúrgico

Para entender melhor essa divisão, é necessário entender os ciclos e os tempos do Ano Litúrgico.

| Ciclo do Natal ||
|---|---|
| **Tempo do Advento** | **Tempo do Natal** |
| ✓ Composto de quatro semanas | Missa da noite e Missa do dia do Natal.<br>✓ Solenidade da Sagrada Família.<br>✓ Missa da Mãe de Deus, no dia 1º de Janeiro.<br>✓ Epifania do Senhor.<br>✓ Batismo de Jesus (*nem sempre celebrado no domingo; dependendo do Ano Litúrgico, essa festa pode ser celebrada na segunda-feira após o domingo da Epifania*). |

Após o Ciclo do Natal, tem início a primeira parte do Tempo Comum, que vai até a terça-feira de Carnaval. Na Quarta-feira de Cinzas, tem início a Quaresma e, no Brasil, a Campanha da Fraternidade.

### Ciclo da Páscoa

| Tempo da Quaresma | Tríduo Pascal | Tempo Pascal |
|---|---|---|
| ✓ Composto de cinco semanas | Inicia-se com a missa de Quinta-feira Santa, mas a título de compreensão precisa, o Tríduo Pascal é composto por sexta-feira, Sábado Santo e Domingo de Páscoa. A missa de Quinta-feira Santa é inserida na sexta-feira. | São sete semanas, sendo que, ao fim da sexta semana, é a festa da Ascensão do Senhor, concluindo esse período com a festa de Pentecostes. |

Terminado o Ciclo Pascal com a Solenidade de Pentecostes, retornamos ao Tempo Comum, segunda parte, com algumas festas e solenidades inseridas nesse tempo, como Santíssima Trindade, *Corpus Christi*, Nossa Senhora Aparecida, entre outras.

# 2

## AS PRINCIPAIS ORAÇÕES DO CRISTÃO

### Sinal da Cruz

Em nome do Pai e do Filho e do Espírito Santo. Amém.

### Persignação

Pelo sinal da Santa Cruz †, livrai-nos, Deus, nosso Senhor, † dos nossos inimigos †.

### Oferecimento do dia

Adoro-vos, meu Deus, amo-vos de todo o meu coração. Agradeço-vos porque me criastes, me fizestes cristão, me conservastes a vida e a saúde. Ofereço-vos o meu dia: que todas as minhas ações correspondam à vossa vontade. E que eu faça tudo para a vossa glória e a paz dos homens. Livrai-me do pecado, do perigo e de todo o mal. Que a vossa graça, bênção, luz e presença permaneçam sempre comigo e com todos aqueles que eu amo. Amém.

### Pai-nosso

Pai nosso, que estais nos céus, santificado seja o vosso nome, venha a nós o vosso Reino, seja feita a vossa vontade, assim na Terra como no céu. O pão nosso de cada dia nos dai hoje, perdoai-nos as nossas ofensas, assim como nós perdoamos a quem nos tem ofendido, e não nos deixes cair em tentação, mas livrai-nos do mal. Amém.

### Ave-Maria

Ave Maria, cheia de graça, o Senhor é convosco. Bendita sois vós entre as mulheres, e bendito é o fruto do vosso ventre, Jesus. Santa Maria, Mãe de Deus, rogai por nós, pecadores, agora e na hora de nossa morte. Amém.

### Glória ao Pai

Glória ao Pai e ao Filho e ao Espírito Santo.
Como era no princípio, agora e sempre. Amém.

### Salve Rainha

Salve, Rainha, mãe de misericórdia, vida, doçura, esperança nossa, salve! A vós bradamos, os degredados filhos de Eva. A vós suspiramos, gemendo e chorando neste vale de lágrimas. Eia, pois, advogada nossa, esses vossos olhos misericordiosos a nós volvei! E depois deste desterro, mostrai-nos Jesus, bendito fruto do vosso ventre. Ó clemente, ó piedosa, ó doce sempre virgem Maria!
℣. Rogai por nós, Santa Mãe de Deus!
℟. Para que sejamos dignos das promessas de Cristo.

## Ângelus (Saudação à Nossa Senhora para o tempo comum)

℣. O Anjo do Senhor anunciou a Maria.
℟. E ela concebeu do Espírito Santo.
℣ Eis aqui a serva do Senhor.
℟. Faça-se em mim segundo a vossa Palavra.
℣. E o Verbo divino se fez carne.
℟. E habitou entre nós.
Ave, Maria...
℣ Rogai por nós, Santa Mãe de Deus.
℟. Para que sejamos dignos das promessas de Cristo.
**Oremos**. Infundi, Senhor, em nossos corações a vossa graça, a fim de que, conhecendo pela anunciação do Anjo, a encarnação de Jesus Cristo, vosso Filho, cheguemos pela sua paixão e morte à glória da ressurreição. Pelo mesmo Cristo, nosso Senhor. Amém.
Glória ao Pai e ao Filho e ao Espírito Santo...

## Rainha do Céu (Saudação à Nossa Senhora para o Tempo Pascal, em lugar do Ângelus)

℣. Rainha do céu, alegrai-vos. Aleluia.
℟. Porque aquele que merecestes trazer em vosso puríssimo seio. Aleluia.
℣. Ressuscitou como disse. Aleluia.
℟. Rogai por nós a Deus. Aleluia.
℣. Exultai e alegrai-vos, ó Virgem Maria. Aleluia.
℟. Pois o Senhor ressuscitou verdadeiramente. Aleluia.
**Oremos**. Ó Deus, que vos dignastes alegrar o mundo com a ressurreição do vosso Filho, nosso Senhor Jesus Cristo, concedei-nos, vo-lo suplicamos, a graça de alcançarmos pela proteção da Virgem Maria, sua Mãe, a glória da vida eterna. Pelo mesmo Cristo, nosso Senhor. Amém.

## Creio

Creio em Deus Pai todo-poderoso, criador do céu e da terra, e em Jesus Cristo, seu único Filho, nosso Senhor, que foi concebido pelo poder do Espírito Santo; nasceu da Virgem Maria, padeceu sob Pôncio Pilatos, foi crucificado, morto e sepultado; desceu à mansão dos mortos, ressuscitou ao terceiro dia; subiu aos céus, está sentado à direita de Deus Pai todo-poderoso, de onde há de vir a julgar os vivos e os mortos. Creio no Espírito Santo, na santa Igreja Católica, na comunhão dos santos, na remissão dos pecados, na ressurreição da carne, na vida eterna. Amém.

## Oração ao Anjo da guarda

Santo Anjo do Senhor, meu zeloso guardador, se a ti me confiou a Piedade divina, sempre me rege, guarda, governa e ilumina. Amém.

## Ato de contrição

Meu Deus, eu me arrependo de todo o coração de vos ter ofendido, porque sois tão bom e amável. Prometo, com a vossa graça, nunca mais pecar. Meu Jesus, Misericórdia!

## Ato de contrição (2)

Senhor, eu me arrependo sinceramente de todo mal que pratiquei e do bem que deixei de fazer. Pecando, eu vos ofendi, meu Deus, e sumo bem, digno de ser amado sobre todas as coisas. Prometo firmemente, ajudado com a vossa graça, fazer penitência e fugir às ocasiões de pecar. Senhor, tende piedade de mim, pelos méritos da Paixão, morte e Ressurreição de Jesus Cristo, nosso Salvador. Amém.

## Oração pela família

Pai, que nos protegeis e que nos destes a vida para participarmos de vossa felicidade, agradecemos o amparo que os pais nos deram desde o nascimento. Hoje queremos vos pedir pelas famílias, para que vivam a união e na alegria cristã. Protegei nossos lares do mal e dos perigos que ameaçam a sua unidade. Pedimos que o amor não desapareça nunca e que os princípios do Evangelho sejam a norma de vida. Pedimos pelos lares em dificuldades, em desunião e em perigo de sucumbir, para que, lembrados do compromisso assumido na fé, encontrem o caminho do perdão, da alegria e da doação. A exemplo de São José, Maria Santíssima e Jesus, sejam nossas famílias uma pequena Igreja, onde se viva o amor. Amém.

## Oração de São Francisco de Assis

Senhor, fazei-me instrumento de vossa paz.
Onde houver ódio, que eu leve o amor;
Onde houver ofensa, que eu leve o perdão;
Onde houver discórdia, que eu leve a união;
Onde houver dúvida, que eu leve a fé;
Onde houver erros, que eu leve a verdade;
Onde houver desespero, que eu leve a esperança;
Onde houver tristeza, que eu leve a alegria;
Onde houver trevas, que eu leve a luz!
Ó Mestre,
Fazei que eu procure mais:
consolar, que ser consolado;
compreender, que ser compreendido;
amar, que ser amado.
Pois é dando que se recebe,
é perdoando que se é perdoado,
e é morrendo que se vive para a vida eterna!
Amém.

## Oração de consagração a Maria

Ó Senhora minha, ó minha Mãe, eu me ofereço todo a vós e, em prova da minha devoção para convosco, eu vos consagro, neste dia, e para sempre, os meus olhos, meu ouvidos, minha boca, meu coração e, inteiramente, todo o meu ser: e por que assim sou vosso(a), ó incomparável Mãe, guardai-me, defendei-me como filho(a) e propriedade vossa. Amém.

## Magnificat
### (Cântico de Nossa Senhora)

A minha alma glorifica ao Senhor
e o meu espírito se alegra em Deus, meu Salvador.
Porque pôs os olhos na humildade da sua serva:
de hoje em diante, me chamarão bem-aventurada todas as gerações.
O Todo-Poderoso fez em mim maravilhas:
Santo é o seu nome.
A sua misericórdia se estende de geração em geração
sobre aqueles que o temem.
Manifestou o poder do seu braço
e dispersou os soberbos.
Derrubou os poderosos de seus tronos
e exaltou os humildes.

Aos famintos encheu de bens,
e aos ricos despediu de mãos vazias.
Acolheu a Israel, seu servo,
lembrado da sua misericórdia,
Como tinha prometido a nossos pais,
a Abraão e à sua descendência para sempre.
Glória ao Pai e ao Filho e ao Espírito Santo.
Como era no princípio, agora e sempre. Amém.

## Cântico de Zacarias
*(da Liturgia das Horas)*

Bendito seja o Senhor Deus de Israel,
porque a seu povo visitou e libertou;
e fez surgir um poderoso Salvador
na casa de Davi, seu servidor,
como falara pela boca de seus santos,
os profetas desde os tempos mais antigos,
para salvar-nos do poder dos inimigos
e da mão de todos quantos nos odeiam.
Assim mostrou misericórdia a nossos pais,
recordando a sua santa Aliança
e o juramento a Abraão, o nosso pai,
de conceder-nos que, libertos do inimigo,
a Ele nós sirvamos sem temor
em santidade e em justiça diante dele,
enquanto perdurarem nossos dias.
Serás profeta do Altíssimo, ó menino,
pois irás andando à frente do Senhor
para aplainar e preparar os seus caminhos,
anunciando ao seu povo a salvação,
que está na remissão de seus pecados;
pela bondade e compaixão de nosso Deus,
que sobre nós fará brilhar o Sol nascente,
para iluminar a quantos jazem entre as trevas
e na sombra da morte estão sentados
e para dirigir os nossos passos,
guiando-os no caminho da paz.
Glória ao Pai e ao Filho e ao Espírito Santo.
Como era no princípio, agora e sempre. Amém.

## Invocação ao Espírito Santo

℣. Vinde, Espírito Santo, enchei os corações dos vossos fiéis e acendei neles o fogo do vosso amor.
℟. Enviai, Senhor, o vosso Espírito,
e tudo será criado, e renovareis a face da Terra.
**Oremos**. Deus, que instruístes os corações dos vossos fiéis com a luz do Espírito Santo, fazei que apreciemos retamente todas as coisas, segundo o mesmo Espírito, e gozemos sempre de sua consolação. Por Cristo, Senhor nosso. Amém.

# 3

## O QUE É IMPORTANTE VOCÊ CONHECER

### Os mandamentos da Lei de Deus

1. Amar a Deus sobre todas as coisas.
2. Não tomar seu santo nome em vão.
3. Guardar domingos e festas.
4. Honrar pai e mãe.
5. Não matar.
6. Não pecar contra a castidade.
7. Não furtar.
8. Não levantar falso testemunho.
9. Não desejar a mulher do próximo.
10. Não cobiçar as coisas alheias.

### Os sete Pecados Capitais

1. Soberba
2. Avareza
3. Inveja
4. Ira
5. Luxúria
6. Gula
7. Preguiça

### Os mandamentos da Igreja

1. Participar da missa nos domingos e festas de guarda.
2. Confessar-se ao menos uma vez ao ano.
3. Comungar ao menos pela Páscoa da Ressurreição.
4. Jejuar e abster-se de carne, conforme manda a Igreja.
5. Contribuir com o dízimo.

### Os Sacramentos

1. Batismo
2. Crisma ou Confirmação
3. Eucaristia
4. Penitência ou Reconciliação
5. Ordem ou Sacerdócio
6. Matrimônio
7. Unção dos enfermos

### Virtudes Teologais

1. Fé
2. Esperança
3. Caridade

### Virtudes Capitais

1. Humildade
2. Generosidade
3. Caridade
4. Paciência
5. Castidade
6. Temperança
7. Diligência

### As obras de misericórdia corporais

1. Dar de comer a quem tem fome.
2. Dar de beber a quem tem sede.
3. Vestir os nus.
4. Dar pousada aos peregrinos.
5. Assistir aos enfermos.
6. Visitar os presos.
7. Enterrar os mortos.

*As obras de misericórdia espirituais*

1. Dar bom conselho.
2. Ensinar os ignorantes.
3. Corrigir os que erram.
4. Consolar os aflitos.
5. Perdoar as injúrias.
6. Sofrer com paciência as fraquezas do nosso próximo.
7. Rogar a Deus por vivos e defuntos.

# REFERÊNCIAS

BENTO XVI. *Exortação apostólica pós-sinodal Verbum Domini*: sobre a Palavra de Deus na vida e na missão da Igreja. Brasília: Edições CNBB, 2010.

BENTO XVI. Exortação apostólica pós-sinodal *Sacramentum Caritatis:* sobre a Eucaristia, fonte e ápice da vida e da missão da Igreja. 22 fev. 2007. Disponível em: https://www.vatican.va/content/benedict-xvi/pt/apost_exhortations/documents/hf_ben-xvi_exh_20070222_sacramentum-caritatis.html. Acesso em: 21 jun. 2023.

BÍBLIA. *Bíblia Sagrada.* Tradução oficial da CNBB. Brasília: Edições CNBB, 2018.

BUYST, Y. Advento venha a nos o vosso Reino. *In*: CNBB - Conferência Nacional dos Bispos do Brasil. *Liturgia em mutirão I*: subsídios para a formação. Brasília: Edições CNBB, 2017. p. 53-55.

CNBB - Conferência Nacional dos Bispos do Brasil. *Catecismo da Igreja Católica*. Edição típica vaticana. São Paulo: Loyola, 2000.

CELAM - Conselho Episcopal Latino-Americano. *Documento de Aparecida*: texto conclusivo da V Conferência Geral do Episcopado Latino-Americano e do Caribe. São Paulo: Paulinas, 2007.

CELAM - Conselho Episcopal Latino-Americano. Tradução oficial da CNBB. *Santo Domingo*: conclusões. 7. ed. Disponível em: https://portal.pucminas.br/imagedb/documento/DOC_DSC_NOME_ARQUI20130906182510.pdf. Acesso em: 21 jun. 2023.

CNBB - Conferência Nacional dos Bispos do Brasil. *Iniciação à vida cristã*: itinerário para formar discípulos missionários. Brasília: Edições CNBB, 2019. (Estudos da CNBB n. 107).

CNBB - Conferência Nacional dos Bispos do Brasil. *Iniciação à vida cristã*: um processo de inspiração catecumenal. Brasília: Edições CNBB, 2009. (Estudos da CNBB n. 97).

CONCÍLIO VATICANO II. *Constituição dogmática Lumen Gentium*: sobre a Igreja. São Paulo: Paulinas, 2011.

CONCÍLIO VATICANO II. *Constituição Pastoral Gaudium et Spes*: sobre a Igreja no mundo de hoje. São Paulo: Paulinas, 1998.

CONGREGAÇÃO PARA O CLERO. *Diretório geral para a catequese*. São Paulo: Paulinas, 1998.

CONGREGAÇÃO PARA O CULTO DIVINO. *Ritual de iniciação cristã de adultos*. São Paulo: Paulinas, 2011.

COMUNIDADE CORPUS CHRISTI. *A missão dos setenta e dois*. Homilia diária Canção Nova, publicada em 1º out. 2009. Disponível em: https://formacao.cancaonova.com/espiritualidade/senhor-ensina-nos-a-rezar/. Acesso em: 21 jun. 2023.

FRANCISCO. *Mensagem Urbi et Orbi do Papa Francisco*. Natal de 2022. 25 dez. 2022. Disponível em: https://www.vatican.va/content/francesco/pt/messages/urbi/documents/20221225-urbiet-orbi-natale.html. Acesso em: 21 jun. 2023.

FRANCISCO. *O Papa na intenção de oração de julho*: sejamos arquitetos do diálogo e da amizade. 30 jun. 2021. Disponível em: https://www.vaticannews.va/pt/papa/news/2021-06/papa-francisco-intencao-oracao-julho-arquitetos-dialogo-amizade.html. Acesso em: 21 jun. 2023.

FRANCISCO. *O Senhor perdoa os nossos pecados com ternura*. Homilia do dia 10 de dezembro de 2019. 10 dez. 2019a. Disponível em: https://www.vaticannews.va/pt/papa/news/2019-12/papa-francisco-santa-marta-senhor-perdoa-nossos-pecados-sem-medo.html. Acesso em: 21 jun. 2023.

FRANCISCO. *Exortação apostólica pós-sinodal Christus Vivit*: para os jovens e para todo o povo de Deus. Brasília: Edições CNBB, 2019b.

FRANCISCO. *Carta do Papa Francisco em preparação para a II Jornada Mundial dos Pobres 2018*. 16 nov. 2018a. Disponível em: https://www.cnbb.org.br/leia-a-integra-da-mensagem-do-papa-para-o-ii-dia-mundial-dos-pobres-celebrado-no-mundo-inteiro/. Acesso em: 21 jun. 2023.

FRANCISCO. *Papa: a Igreja e mulher e mãe, como Maria*. Homilia de 21 de maio de 2018. 21 maio 2018b. Disponível em: https://www.vaticannews.va/pt/papa-francisco/missa-santa-marta/2018-05/papa-igreja-mulher-mae-como-maria.html. Acesso em: 21 jun. 2023.

FRANCISCO. *Catequese do Papa Francisco e a certeza do amor de Deus*. 14 jun. de 2017a. Disponível em: https://www.acidigital.com/noticias/texto-completo-catequesedo-papa-francisco-sobre-a-certeza-do-amor-de-deus-40724. Acesso em: 21 jun. 2023.

FRANCISCO. *Mensagem do Papa Francisco para a Quaresma de 2017. A palavra é um dom*. O outro é um dom. 7 fev. 2017b. Disponível em: https://www.vatican.va/content/francesco/pt/events/event.dir.html/content/vaticanevents/pt/2017/2/7/messaggio-quaresima.html. Acesso em: 21 jun. 2023.

FRANCISCO. Audiência Geral de 7 de junho de 2017c. Disponível em: https://www.vatican.va/content/francesco/pt/audiences/2017/documents/papa-francesco_20170607_udienza-generale.html. Acesso em: 29 de jun. 2023.

FRANCISCO. *Exortação apostólica pós-sinodal Amoris Laetitia*: sobre o amor na família. Brasília: Edições CNBB, 2016.

FRANCISCO. *Santa missa da noite de Natal*. Homilia do Papa Francisco em 24 de dezembro de 2015. 24 dez. 2015a. Disponível em: https://www.vatican.va/content/francesco/pt/homilies/2015/documents/papa-francesco_20151224_omelia-natale.html. Acesso em: 21 jun.2023.

FRANCISCO. *Misericordiae Vultus*: o rosto da misericórdia: bula da proclamação do jubileu da misericórdia. São Paulo: Paulinas, 2015b.

FRANCISCO. *Carta encíclica Laudato Si'*: sobre o cuidado da casa comum. Brasília: Edições CNBB, 2015c.

FRANCISCO. *Angelus*. 21 de dezembro de 2014. 21 dez. 2014. Disponível em: https://www.vatican.va/content/francesco/pt/angelus/2014/documents/papa-francesco_angelus_20141221.html. Acesso em: 21 jun. 2023.

FRANCISCO. S*anta missa da noite de Natal*. Homilia do Papa Francisco de 24 de dezembro de 2013. 24 dez. 2013a. Disponível em: https://www.vatican.va/content/francesco/pt/homilies/2013/documents/papa-francesco_20131224_omelia-natale.html. Acesso em: 21 jun. 2023.

FRANCISCO. *Celebração do Domingo de Ramos e da Paixão do Senhor*. XXVIII Jornada Mundial da Juventude. 24 mar. 2013b. Disponível em: https://www.vatican.va/content/francesco/pt/homilies/2013/documents/papa-francesco_20130324_palme.html. Acesso em: 4 abr. 2023.

FRANCISCO. *Exortação apostólica Evangelii Gaudium*: sobre o anúncio do Evangelho no mundo atual. Brasília: Edições CNBB, 2013c.

GUIMARÃES, M. R. Advento, tempo de espera. *In*: CNBB - Conferência Nacional dos Bispos do Brasil. Liturgia em mutirão I: subsídios para a formação. Brasília: Edições CNBB, 2017. p. 50-51.

JOÃO PAULO II. *Carta encíclica Redemptoris Missio*: sobre a validade permanente do mandato missionário. 7 dez. 1990. Disponível em: https://www.vatican.va/content/john-paul-ii/pt/encyclicals/documents/hf_jp-ii_enc_07121990_redemptoris-missio.html. Acesso em: 21 jun. 2023.

JOÃO PAULO II. *Carta apostólica Dies Domini:* sobre a santificação do domingo. 31 maio 1998. Disponível em: https://www.vatican.va/content/john-paul-ii/pt/apost_letters/1998/documents/hf_jp-ii_apl_05071998_dies-domini.html. Acesso em 24 abr. 2023.

KAMILA, L. 17 *Frases do Papa Francisco sobre o Natal*. 24 dez. 2018. Disponível em: https://jovensconectados.org.br/17-frases-do-papa-francisco-sobre-o-natal. html. Acesso em: 28 de nov. 2022.

MESTERS, C.; OROFINO, F. *Jesus formando e formador*. Itaici: 3ª Semana Brasileira de Catequese, 2009. (Palestra proferida aos participantes do evento).

MURAD, A. *Maria, toda de Deus e tão humana*. São Paulo: Paulinas, 2009.

NENTWIG, R. *Catequese batismal*: itinerário de inspiração catecumenal para preparação de pais padrinhos para o Batismo de crianças. Brasília: Edições CNBB, 2019.

PAGOLA, J. A. Curar-nos da cegueira. *Instituto Humanitas Unisinos* (IHU). 23 out. 2015. Disponível em: http://www.ihu.unisinos.br/noticias/548169-curar-nos-da-cegueira. Acesso em: 21 jun. 2023.

PAGOLA, J. A. *O Caminho aberto por Jesus*. Petrópolis: Vozes, 2013.

PAREDES, J. C.R. *A verdadeira história de Maria*. Comentário à Redemptores Mater, reflexões para os dias do mês de Maria. São Paulo: Ave Maria, 1988.

PAULO XI. *Constituição dogmática Dei Verbum*: sobre a Revelação Divina. 18 nov. 1965. Disponível em: https://www.vatican.va/archive/hist_councils/ii_vatican_council/documents/vat-ii_const_19651118_dei-verbum_po.html. Acesso em: 21 jun. 2023.

PONTIFÍCIO CONSELHO PARA A PROMOÇÃO DA NOVA EVANGELIZAÇÃO. *Diretório para a catequese*. Brasília: Edições CNBB, 2020.

RATZINGER, J. [Bento XVI]. *Jesus de Nazaré*. São Paulo: Planeta, 2007.

REINERT, J. F. Paróquia e iniciação à vida cristã. São Paulo: Paulus. 2015.

CONSTITUIÇÃO SACROSANCTUM CONCILIUM SOBRE A LITURGIA. In: SANTA SÉ. Concílio Ecumênico Vaticano II: Documentos. Brasília: Edições CNBB, 2018.

SAGRADA CONGREGAÇÃO PARA O CULTO DIVINO. *Liturgia das Horas*. v. II. Petrópolis: Vozes; São Paulo: Paulinas; Paulus; Ave Maria, 1995.

SILVA, J. A. da. O Domingo, Páscoa Semanal dos cristãos. *In*: CNBB - Conferência Nacional dos Bispos do Brasil. *Litúrgica em mutirão*: subsídios para a formação. Brasília: Edições CNBB, 2017, p. 23-25.